# de Larra a Fuentes

# de Larra a Fuentes

## LITERARY SELECTIONS
## FOR THE INTERMEDIATE LEVEL

HOLT EDITORIAL STAFF

with introductions by

**Orlando Gómez-Gil**

Central Connecticut State College

HOLT, RINEHART AND WINSTON

New York   San Francisco   Toronto   London

Permissions and acknowledgments are at the end of the book.

**Library of Congress Cataloging in Publication Data**

Main entry under title:

De Larra a Fuentes

Preface in English.
CONTENTS: Larra, M. J. de.    Vuelva usted mañana.—
Palma, R.    El resucitado.    [etc.]
    1.  Spanish language—Readers.    I.  Holt, Rinehart
and Winston, Inc.    II.  Title.
PC4117.D318    1975    468'.6'421    74-32037
ISBN 0-03-013386-6

Foreign Language Department
5643 Paradise Drive
Corte Madera, California 94925

5  6  7  8  9  0    065    9  8  7  6  5  4  3  2  1

Printed in the United States of America

# Table of Contents

# Preface

This reader and its companion, *De Bécquer a García Márquez*, are intended for use during the second year of college Spanish or the third year of high school Spanish. Different writers are represented in the two volumes but neither is more "advanced" than the other.

The contents and format of these readers were largely determined by the responses to a questionnaire we sent to college Spanish departments. The great majority of those who responded asked for an intermediate reader containing a collection of short materials by writers of the Spanish-speaking world whose works had something meaningful to say to students in this country, and in language that students on the intermediate level could cope with. The respondents also said that they wanted footnotes (in English) for difficult terms, questions that would test and clarify the student's comprehension of the reading, questions that would stimulate thought and discussion on the larger meaning of the reading, and a Spanish-English end vocabulary.

Surprisingly, there was widespread agreement concerning which writers to include. As the questionnaires returned to our office, the same names kept appearing — Unamuno, Martí, Cela, Rulfo, Matute, Borges, Paz, García Lorca, Neruda, Fuentes, Azorín, García Márquez, and so on. Most of those who responded said they wanted contemporary writers, and while some said they wanted either Peninsular or Latin American writers but not both, the great majority said that they didn't care so much where the writers came from so long as their works shed some light on the Spanish-speaking world—and, not so incidentally, on the world in general.

With one or two exceptions, all the works included in these two readers were written during the past hundred years. Each volume contains four Peninsular writers and seven Latin American writers. Each contains short, stories, poems and essays. Each contains brief introductions in Spanish for the writers, footnotes, questions on content, discussion questions, and an end vocabulary. The selections are arranged more or less in chronological order. There has been no attempt to make the selections progress from the easy to the more difficult, nor has there been any attempt to make one reader more advanced than the other. Our purpose has been to provide a judicious mix of Spanish writings in a variety of forms written by authors from a number of countries.

We received over 100 questionnaires from colleges and universities across the country, and want to express our thanks to those who took the time to respond. Among the respondents were:

Agnes Scott College
Albion College
Armstrong College
Asbury College
Avila College
Bartlesville Wesleyan College
Beloit College
Benedictine College
Birmingham Southern College
Blackburn College
Brigham Young University
Broward Community College
Buena Vista College
Butte College
California Lutheran College
California State University San Bernadino
California State University San Jose
Carthage College

Catholic University
Central State University
Centre College
Chipola Junior College
Clackamas Community College
Cleveland State University
Colby College
College of Wooster
Columbia Basin College
County College of Dorris
Cullman College
Davidson Community College
De Paul University
De Pauw University
East Carolina University
East Central State College
Edgewood College
Erskine College
Findlay College

Florida A and M University
Florida State University
Franklin Pierce College
Furman University
Georgia State College
Glassboro State College
Hardin-Simmons University
Hendrix College
Holy Names College
Iowa Wesleyan
Jacksonville University
Jamestown College
Kansas State College
Kansas State Teachers College
Kennesaw Junior College
Kent State University
Kentucky Wesleyan College
Keuka College
Kutztown State College
Lamar Community College
La Verne College
Lewis University
Loop College
Lowell State College
Loyola College Baltimore
Mary Baldwin College
Massachusetts Bay Community College
Meramec Community College
Mercer County College
Miami University of Ohio
Miami-Dade Community College
Middlebury College
Middle Georgia College
Monmouth College
Mount Hood Community College

Nazareth College
New Mexico State University
Northern Essex Community College
North Platte Community College
Northwestern State University
Ottumwa Heights College
Pacific Union College
Palm Beach Junior College
Pensacola Junior College
Phoenix College
Pomona College
Portland State University
Potomac State College
Quincy College
Randolph-Macon College
Saint Mary College
Saint Mary's College
Saint Mary's Dominican College
Saint Petersburg Junior College
San Francisco State University
Santa Barbara City College
Sidwell Friends School
Sierra College
Southern Missionary College
Southern State College
Spokane Falls Community College
Spring Hill College
Tarrant County Junior College
Tulane University
Union College
University of Arizona

University of Cincinnati
University of Dallas
University of Dayton
University of Florida
University of Georgia
University of Houston
University of Kansas
University of Mississippi
University of Missouri
University of North Carolina
University of South Alabama
University of South Florida
University of the South
University of Tennessee
University of Tulsa

University of Washington
University of Wisconsin
University of Wyoming
Vanderbilt University
Ventura College
Wake Forest University
Wartburg College
Western Carolina University
Western Connecticut State
    University
Wichita State University
Williams College
Winthrop College
Yankton College

# 1

# Mariano José
# de Larra

# MARIANO JOSÉ DE LARRA

ESPAÑA, 1809-1837

Larra nació en Madrid y en 1813 tuvo que huir a
Francia con su familia por razones políticas. En 1818
pudo regresar a Madrid donde continuó sus estudios
universitarios. Durante el triunfo del liberalismo en
España, Larra ingresó a la carrera del periodismo y
llegó a ser el periodista más famoso y mejor remunerado de su tiempo. Sin embargo, en su vida privada
sufrió el fracaso de su matrimonio y se suicidó a los
veintiocho años de edad.

Larra escribió una novela El doncel de don
Enrique el Doliente *(1834)*, un drama Macías *(1834)*
y algunos poemas, pero ninguno de éstos logró
alguna trascendencia literaria. Su verdadera fama
proviene de sus colecciones de artículos de costumbres que tratan de temas políticos, sociales, culturales
y de crítica literaria. En ellos nos da una visión muy
pesimista de España y critica mordazmente el atraso,
el conservadorismo y la apatía en que se encontraba
su país, en esa época. Sus artículos reflejan una aguda
penetración sicológica del carácter español y de sus
defectos que impedían la renovación que tanto
anhelaba. Pero Larra no critica por el mero hecho de
hacerlo sino que lo motiva el profundo ideal de tratar
de regenerar las costumbres y al individuo, como paso
previo para formar una sociedad mejor. En sus

*artículos políticos se ve su ideología liberal. En sus artículos de crítica literaria se puede distinguir una excelente intuición para la fijación de los valores artísticos. Su estética, orientada hacia el romanticismo, defiende la libertad creadora y la preocupación por el mejoramiento social que, según él, debe tener la obra de arte.*

*En el artículo costumbrista que ofrecemos como selección, "Vuelva usted mañana", vemos un ejemplo de su agudo sentido crítico. Larra nos presenta un cuadro sicológico muy preciso de un aspecto sumamente interesante del carácter español: su falta de concepto del tiempo y su tendencia a dejarlo todo para el futuro. Tanto por sus ideas como por su estilo, Larra es un verdadero precursor del espíritu renovador que caracteriza a los escritos de la "Generación del 98".[1]*

[1] Véase página 38.

# Vuelva usted mañana

Gran persona debió de ser el primero que llamó pecado mortal a la pereza. Nosotros, que ya en uno de nuestros artículos anteriores estuvimos más serios de lo que nunca nos habíamos propuesto, no entraremos ahora en largas y profundas investigaciones 5 acerca de la historia de este pecado, por más que conozcamos[1] que hay pecados que pican en historia, y que la historia de los pecados sería un tanto cuanto[2] divertida. Convengamos solamente en que esta institución ha cerrado y cerrará las puertas del 10 cielo a más de un cristiano.

Estas reflexiones hacía yo casualmente no hace muchos días, cuando se presentó en mi casa un extranjero de éstos que, en buena o en mala parte, han de tener siempre de nuestro país una idea 15 exagerada e hiperbólica; de éstos que, o creen que los hombres aquí son todavía los espléndidos, francos, generosos y caballerescos seres de hace dos siglos, o que son aún las tribus nómadas del otro lado del Atlante:[3] en el primer caso vienen imaginando que 20 nuestro carácter se conserva tan intacto como nues-

---

[1] por más que conozcamos: *however much we know*
[2] un tanto cuanto: *somewhat*
[3] del otro lado del Atlante: *from the other side of the Atlas Mts. refers to the Sahara Desert in Africa.*

4

tras ruinas; en el segundo, vienen temblando por esos
caminos, y preguntan si son los ladrones que los han
de despojar los individuos de algún cuerpo de guardia
establecido precisamente para defenderlos de los
5 azares de un camino, comunes a todos los países.

Verdad es que nuestro país no es de aquellos que se
conocen a primera ni a segunda vista, y si no
temiéramos que nos llamasen atrevidos, lo comparára-
ramos de buena gana[4] a esos juegos de manos
10 sorprendentes e inescrutables para el que ignora su
artificio, que estribando en una grandísima bagatela,
suelen después de sabidos dejar asombrado[5] de su
poca perspicacia al mismo que se devanó los sesos por
buscarles causas extrañas. Muchas veces la falta de
15 una causa determinante en las cosas nos hace creer
que debe de haberlas profundas para mantenerlas al
abrigo de nuestra penetración. Tal es el orgullo del
hombre, que más quiere declarar en alta voz que las
cosas son incomprensibles cuando no las comprende
20 él, que confesar que el ignorarlas puede depender de
su torpeza.

Esto no obstante, como quiera que entre nosotros
mismos se hallen muchos en esta ignorancia de los
verdaderos resortes que nos mueven, no tendremos
25 derecho para extrañar que los extranjeros no los
puedan tan fácilmente penetrar.

Un extranjero de éstos fue el que se presentó en mi
casa, provisto de competentes cartas de recomendación para mi persona. Asuntos intrincados de
30 familia, reclamaciones futuras, y aún proyectos vastos

[4] de buena gana: *willingly, gladly*
[5] suelen después de. . .asombrado: *after being known usually leave
astonished at*

concebidos en París de invertir aquí sus cuantiosos caudales en tal cual[6] especulación industrial o mercantil, eran los motivos que a nuestra patria le conducían.

Acostumbrado a la actividad en que viven nuestros 5 vecinos, me aseguró formalmente que pensaba permanecer aquí muy poco tiempo, sobre todo si no encontraba pronto objeto seguro en que invertir su capital. Parecióme[7] el extranjero digno de alguna consideración, trabé presto amistad[8] con él, y lleno 10 de lástima, traté de persuadirle a que se volviese a su casa cuanto antes,[9] siempre que seriamente trajese otro fin que no fuese el de pasearse. Admiróle la proposición, y fue preciso explicarme más claro.

—Mirad — le dije — monsieur Sans-délai[10] — que 15 así se llamaba —; vos venís decidido a pasar quince días, y a solventar en ellos vuestros asuntos.

—Ciertamente — me contestó —. Quince días, y es mucho. Mañana por la mañana buscamos un genealogista para mis asuntos de familia; por la tarde revuelve 20 sus libros, busca mis ascendientes, y por la noche ya sé quién soy. En cuanto a mis reclamaciones, pasado mañana las presento fundadas en los datos que aquél me dé, legalizados en debida forma; y como será una cosa clara y de justicia innegable (pues sólo en este 25 caso haré valer mis derechos), al tercer día se juzga el caso y soy dueño de lo mío. En cuanto a mis especulaciones, en que pienso invertir mis caudales, al

---

[6] en tal cual: *in such and such*
[7] parecióme = me pareció: *it seemed to me*
[8] trabé presto amistad con: *I soon made a friend of*
[9] cuanto antes: *as soon as possible*
[10] monsieur Sans-délai: *Mr. Hurry-up. French expression meaning without delay.*

cuarto día ya habré presentado mis proposiciones. Serán buenas o malas, y admitidas o desechadas en el acto, y son cinco días; en el sexto, séptimo y octavo, veo lo que hay que ver en Madrid; descanso el
5 noveno; el décimo tomo mi asiento en la diligencia, si no me conviene estar más tiempo aquí, y me vuelvo a mi casa; aún me sobran de los quince, cinco días.

Al llegar aquí monsieur Sans-délai, traté de reprimir una carcajada que me andaba retozando ya hacía
10 rato en el cuerpo,[11] y si mi educación logró sofocar mi inoportuna jovialidad, no fue bastante a impedir que se asomase a mis labios una suave sonrisa de asombro y de lástima que sus planes ejecutivos me sacaban al rostro mal de mi grado.

15 —Permitidme, monsieur Sans-délai — le dije entre socarrón y formal —,[12] permitidme que os convide a comer para el día en que llevéis quince meses de estancia en Madrid.

—¿Cómo?
20 —Dentro de quince meses estáis aquí todavía.

—¿Os burláis?

—No, por cierto.

—¿No me podré marchar cuando quiera? ¡Cierto que la idea es graciosa!
25 —Sabed que no estáis en vuestro país, activo y trabajador.

—¡Oh! Los españoles que han viajado por el extranjero han adquirido la costumbre de hablar mal siempre de su país por hacerse superiores a sus
30 compatriotas.

---

[11] que me andaba retozando. . .cuerpo: *that for some time had been tickling my insides*
[12] entre socarrón y formal: *half mockingly and half seriously*

—Os aseguro que en los quince días con que contáis no habréis podido hablar siquiera a una sola de las personas cuya cooperación necesitáis.

—¡Hipérboles! Yo les comunicaré a todos mi actividad.

—Todos os comunicarán su inercia.

Conocí que no estaba el señor de Sans-délai dispuesto a dejarse convencer sino por la experiencia, y callé por entonces,[13] bien seguro de que no tardarían muchos los hechos en hablar por mí.

Amaneció el día siguiente, y salimos entrambos a buscar un genealogista, lo cual sólo se pudo hacer preguntando de amigo en amigo y de conocido en conocido; encontrámoslo por fin, y el buen señor, aturdido de ver nuestra precipitación, declaró francamente que necesitaba tomarse algún tiempo; instósele, y por mucho favor nos dijo definitivamente que nos diéramos una vuelta por allí dentro de unos días. Sonreíme y marchámonos. Pasaron tres días; fuimos.

—Vuelva usted mañana —nos respondió la criada—, porque el señor no se ha levantado todavía.

—Vuelva usted mañana —nos dijo al siguiente día—, porque el amo acaba de salir.

—Vuelva usted mañana — nos respondió al otro —, porque el amo está durmiendo la siesta.[14]

—Vuelva usted mañana — nos respondió el lunes siguiente —, porque hoy ha ido a los toros.

¿Qué día a qué hora se ve a un español? Vímosle por fin, y vuelva usted mañana — nos dijo —, porque

---

[13] por entonces: *for the time being*
[14] durmiendo la siesta: *taking a nap*

se me ha olvidado. Vuelva usted mañana, porque no
está en limpio.

A los quince días ya estuvo; pero mi amigo le había
pedido una noticia del apellido Díez, y él había
5 entendido Díaz, y la noticia no servía. Esperando
nuevas pruebas, nada dije a mi amigo, desesperado ya
de dar jamás con sus abuelos.

Es claro que faltando este principio no tuvieron
lugar las reclamaciones.

10 Para las proposiciones que acerca de varios esta-
blecimientos y empresas utilísimas pensaba hacer,
había sido preciso buscar un traductor; por los
mismos pasos que el genealogista nos hizo pasar el
traductor; de mañana en mañana nos llevó hasta el fin
15 del mes. Averiguamos que necesitaba dinero diariamente para comer, con la mayor urgencia; sin
embargo, nunca encontraba momento oportuno para
trabajar. El escribiente hizo después otro tanto con
las copias, sobre llenarlas de mentiras, porque un
20 escribiente que sepa escribir no le hay en el país.

No paró aquí; un sastre tardó veinte días en hacerle
un frac, que le había mandado llevarle en veinticuatro
horas; el zapatero le obligó con su tardanza a comprar
botas hechas; la planchadora necesitó quince días
25 para plancharle una camisola, y el sombrerero, a
quien le había enviado su sombrero a variar el ala, le
tuvo dos días con la cabeza al aire y sin salir de casa.

Sus conocidos y amigos no le asistían a una sola
cita, ni avisaban cuando faltaban, ni respondían a sus
30 esquelas. ¡Qué formalidad y qué exactitud!

— ¿Qué os parece esta tierra, monsieur Sans-délai?
— le dije al llegar a estas pruebas.

—Me parece que son hombres singulares . . .

—Pues así son todos. No comerán por no llevar la comida a la boca. [. . .]

—Me marcho, señor Bachiller [15] — me dijo —; en este país no hay tiempo para hacer nada; sólo me limitaré a ver lo que haya en la capital de más notable.

— ¡Ay, mi amigo! — le dije —; idos en paz, y no queráis acabar con vuestra poca paciencia; mirad que la mayor parte de nuestras cosas no se ven.

—¿Es posible?

—¿Nunca me habéis de creer? Acordaos de los quince días . . .

Un gesto de monsieur Sans-délai me indicó que no le había gustado el recuerdo.

—Vuelva usted mañana — nos decían en todas partes —, porque hoy no se ve. Ponga usted un memorialito para que le den a usted un permiso especial.

Era cosa de ver la cara de mi amigo al oír lo del memorialito: representábasele en la imaginación el informe, y el empeño, y los seis meses, y . . . contentóse con decir: Soy un extranjero. ¡Buena recomendación entre los amables compatriotas míos! Aturdíase mi amigo cada vez más, y cada vez nos comprendía menos! Días y días tardamos en ver (a fuerza de esquelas y de volver) las pocas rarezas que tenemos guardadas. Finalmente, después de medio año largo, si es que puede haber un medio año más largo que otro, se restituyó mi recomendado a su patria maldiciendo de esta tierra, dándome la razón

[15] Bachiller: *one of Larra's many pen names.*

que yo ya antes me tenía y llevando al extranjero
noticias excelentes de nuestras costumbres : diciendo, sobre todo, que en seis meses no había
podido hacer otra cosa sino volver siempre mañana, y
5 que a la vuelta de tanto mañana, eternamente futuro,
lo mejor, o más bien lo único que había podido hacer
bueno, había sido marcharse.

¿Tendrá razón, perezoso lector (si es que has
llegado ya a esto que estoy escribiendo), tendrá razón
10 el buen monsieur Sans-délai en hablar mal de
nosotros y de nuestra pereza? ¿Será cosa de que
vuelva el día de mañana con gusto a visitar nuestros
hogares? Dejemos esta cuestión para mañana, porque
ya estarás cansado de leer hoy; si mañana u otro día
15 no tienes, como sueles, pereza de volver a la librería,
pereza de sacar tu bolsillo y pereza de abrir los ojos
para hojear los pocos folletos que tengo que darte
ya te contaré cómo a mí mismo, que todo esto veo
y conozco y callo mucho más, me ha sucedido
20 muchas veces, llevado de esta influencia, hija del
clima y de otras causas, perder de pereza más de una
conquista amorosa; abandonar más de una pretensión
empezada y las esperanzas de más de un empleo, que
me hubiera sido acaso, con más actividad, poco
25 menos que asequible; renunciar, en fin, por pereza de
hacer una visita justa o necesaria, a relaciones sociales
que hubieran podido valerme de mucho en el transcurso de mi vida; te confesaré que no hay negocio que
pueda hacer hoy que no deje para mañana; te referiré
30 que me levanto a las once, y duermo siesta; que paso
haciendo el quinto pie de una mesa de un café
hablando o roncando, como buen español , las siete
y las ocho horas seguidas; te añadiré que cuando

cierran el café, me arrastro lentamente a mi tertulia diaria (porque de pereza no tengo más que una), y un cigarrito tras otro me alcanzan clavado en un sitial, y bostezando sin cesar, las doce o la una de la madrugada; que muchas noches no ceno de pereza, y 5 de pereza no me acuesto; en fin, lector de mi alma, te declararé que de tantas veces como estuve en esta vida desesperado ninguna me ahorqué y siempre fue de pereza. Y concluyo por hoy confesándote que ha más de tres meses que tengo, como la primera entre mis 10 apuntaciones, el título de este artículo que llamé: *Vuelva usted mañana;* que todas las noches y muchas tardes he querido durante este tiempo escribir algo en él, y todas las noches apagaba mi luz diciéndome a mí mismo con la más pueril credulidad en mis propias 15 resoluciones: ¡Eh, mañana le escribiré! Da gracias a que llegó por fin este mañana, que no es del todo malo; pero ¡ay de aquel mañana que no ha de llegar jamás!

## CUESTIONARIO

1. ¿Por qué Larra se refiere al pecado de la pereza como a una institución de España?
2. ¿Cuáles son las dos ideas exageradas que algunos extranjeros tienen de España? ¿Se pueden aplicar estas ideas a la España de hoy?
3. ¿Quién llegó a la casa del autor?
4. De acuerdo con la explicación del autor, ¿por qué es difícil para los extranjeros entender a los españoles?

5. ¿De qué país venía Monsieur Sans-délai y qué pensaba llevar a cabo en España?
6. ¿Cuánto tiempo pensaba el extranjero quedarse en España?
7. ¿Cuál fué la reacción del autor al oír el plan de trabajo del extranjero?
8. ¿Qué dicen los españoles de su país cuando viajan por el extranjero?
9. ¿Qué resultado tuvo el plan del extranjero al cabo de quince días?
10. ¿Que contestación obtenía el extranjero de casi todos los funcionarios españoles?
11. ¿Qué mal entendido hubo entre el genealogista y el extranjero?
12. ¿Qué efecto produjo en el extranjero toda esta procrastinación?
13. ¿Que decidió hacer el extranjero después de seis meses de estar en España?
14. ¿Qué opinión se formó de las costumbres españolas?

## PARA DISCUTIR Y ESCRIBIR

1. ¿Cuáles son algunas de las actividades que, según Larra, los españoles no hacen a causa de la pereza?
2. Larra opina que todos los funcionarios españoles padecen de un mal común. ¿Cuál es ese mal?
3. Según el autor, ¿cuánto tiempo se demoró en escribir el artículo y por qué?
4. ¿Cuál es el tema de este artículo?
5. ¿Cuál fue la intención de Larra al escribir este artículo?
6. ¿Cree Ud. que es una crítica de tono humorístico, satírico, o una combinación de los dos? Cite ejemplos.

# 2

# Ricardo
# Palma

# RICARDO PALMA

PERÚ; 1833-1919

*Ningún autor peruano del siglo XIX gozó de la fama de este escritor, basada en un género literario que él mismo inventó:* las tradiciones. *Palma nació en la ciudad de Lima, y dedicó su vida al periodismo y a la política. Era hombre de ideas liberales y llegó a ser Secretario de la Presidencia y Senador. Pasó. casi toda su vida en Lima, salvo un corto viaje por Francia, España y los Estados Unidos de América. Al finalizar la Guerra del Pacífico (1879-1883) entre Chile y Perú, Palma fue nombrado director de la Biblioteca Nacional, cargo que perdió en 1910. Este hecho ensombreció sus últimos años.*

*Las tradiciones son relatos cortos, rápidos, muy parecidos al cuento, que tratan temas históricos y de ficción. En ellos se mezclan la ironía, el ingenio y el humorismo. Las tradiciones constituyen una especie de "intrahistoria" –palabra acuñada por Unamuno– de la vida peruana. Escribió tradiciones basadas en hechos desde los tiempos precolombinos hasta el siglo XX, pero las tradiciones que se inspiran en hechos del período colonial son las mejores.*

*Un método favorito de Palma consiste en comenzar un relato sobre un personaje o hecho, para luego interrumpir la narración con el objeto de dar todos los datos o antecedentes históricos y, finalmente, continuar con el relato hasta el final.* Las tradiciones están llenas de ingenio y comicidad y realmente divierten y entretienen. Tienen un estilo ligero, lleno de fluidez y riqueza de vocabulario. El lenguaje se caracteriza por la mezcla de las palabras más castizas con americanismos, o sea, palabras usadas por el pueblo. A pesar de su pesimismo político, Palma se contenta con encontrarle el lado cómico, ameno y pintoresco a los hechos históricos de su país.

*"El resucitado",* que hemos seleccionado como una de las tradiciones más interesantes de Palma, sigue la estructura típica de esta clase de relatos: en la primera parte comienza el relato, que se interrumpe en la segunda para dar el fondo histórico o época en la cual ocurrieron los hechos. En la tercera y última, nos ofrece el desenlace de la narración en una forma directa y concisa. A lo largo del relato, el autor produce el humorismo no sólo por el contraste entre lo que Gil Paz espera y lo que realmente sucede, sino también en el uso de un lenguaje muy coloquial, idiomático y popular. El final lleno de ironía e ingenio, toma por sorpresa al lector, quien realmente no espera tal solución.

# El Resucitado

A principios del actual siglo[1] existía
en la Recolección de los descalzos[2] un
octogenario de austera virtud y que
vestía el hábito de hermano lego. El
pueblo, que amaba mucho al humilde        5
monje, conocíalo sólo con el nombre
de *el Resucitado*. Y he aquí[3] la
auténtica y sencilla tradición que
sobre él ha llegado hasta nosotros.


## I

En el año de los tres sietes[4] (número apocalíptico 10
y famoso por la importancia de los sucesos que se
realizaron en América) presentóse un día en el
hospital de San Andrés un hombre que frisaba en los
cuarenta agostos,[5] pidiendo ser medicinado[6] en el
santo asilo. Desde el primer momento los médicos 15
opinaron que la dolencia del enfermo era mortal, y le

[1] actual siglo: *refers to the nineteenth century*
[2] Recolección de los descalzos: *Convent of the Franciscan brothers*
[3] he aquí: *this is*
[4] el año de los tres sietes: *the year 1777*
[5] frisaba en los cuarenta agostos: *he was close to forty years old*
[6] ser medicinado: *to be treated*

previnieron que alistase el bagaje[7] para pasar a mundo mejor.

Sin inmutarse oyó nuestro individuo el fatal dictamen, y después de recibir los auxilios espirituales
5 o de tener *el práctico a bordo,*[8] como decía un marino, llamó a Gil Paz, ecónomo del hospital, y díjole, sobre poco más o menos:[9]

—Hace quince años que vine de España, donde no dejo deudos, pues soy un pobre expósito. Mi exis-
10 tencia en Indias[10] ha sido la del que honradamente busca el pan por medio del trabajo; pero con tan aviesa fortuna[11] que todo mi caudal, fruto de mil privaciones y fatigas, apenas pasa de cien onzas de oro[12] que encontrará vuesa merced[13] en un cincho
15 que llevo al cuerpo. Si como creen los físicos, y yo con ellos, su Divina Majestad es servida[14] llamarme a su presencia, lego a vuesa merced mi dinero para que lo goce, pidiéndole únicamente que vista mi cadáver con una buena mortaja del seráfico padre San
20 Francisco, y pague algunas misas en sufragio[15] de mi alma pecadora.

Don Gil juró por todos los santos del calendario cumplir religiosamente con los deseos del moribundo, y que no sólo tendría mortaja y misas, sino un
25 decente funeral. Consolado así el enfermo, pensó que

---

[7] alistase el bagaje: *to get ready to (literally, to pack up his luggage)*

[8] "práctico a bordo": *the pilot on board*

[9] sobre poco más o menos: *more or less as follows*

[10] Indias: *The Spanish Empire in the New World*

[11] aviesa fortuna: *bad luck*

[12] cien onzas de oro: *very valuable old Spanish coins*

[13] vuesa merced: *your honor, sir*

[14] su Divina Majestad es servida: *His Holy Majesty wishes to; if God so desires*

[15] misas en sufragio: *masses to intercede for souls in purgatory*

lo mejor que le quedaba por hacer era morirse cuanto antes;[16] y aquella misma noche empezaron a enfriársele las extremidades, y a las cinco de la madrugada era alma de la otra vida.[17]

Inmediatamente pasaron las peluconas[18] al bolsillo del ecónomo, que era un avaro más ruin que la encarnación de la avaricia. Hasta su nombre revela lo menguado del sujeto:[19] *¡Gil Paz!* No es posible ser más tacaño[20] de letras ni gastar menos tinta para una firma.

Por entonces no existía, aún en Lima el cementerio general, que, como es sabido, se inauguró el martes 31 de mayo de 1808; y aquí es curioso consignar que el primer cadáver que se sepultó en nuestra necrópolis al día siguiente fue el de un pobre de solemnidad llamado Matías Isurriaga, quien, cayéndose de un andamio sobre el cual trabajaba como albañil, se hizo tortilla[21] en el atrio mismo del cementerio. Los difuntos se enterraban en un corralón o campo santo que tenía cada hospital, o en las bóvedas de las iglesias, con no poco[22] peligro de la salubridad pública.

Dejemos por un rato en reposo[23] al muerto, y mientras el sepulturero abre la zanja fumemos un cigarrillo, charlando sobre el gobierno y la política de aquellos tiempos.

[16] cuanto antes: *as soon as possible*
[17] era alma de la otra vida: *(he) had passed away*
[18] peluconas: *gold coins*
[19] lo menguado del sujeto: *(col.), how tight he was*
[20] ser más tacaño: *to be very stingy*
[21] se hizo tortilla: *(fam.), he smashed himself to pieces*
[22] con no poco: *with no little*
[23] en reposo: *in peace, at rest*

Nuestro don Gil reflexionó que el finado le había pedido muchas gollerías;[24] que podía entrar en la fosa común sin asperges, responsos ni sufragios: y que, en cuanto a ropaje, bien aviado[25] iba con el
5 raído pantalón y la mugrienta camisa con que lo había sorprendido la flaca.[26]

—En el hoyo[27] no es como en el mundo— filosofaba Gil Paz—, donde nos pagamos de exterioridades y apariencias, y muchos hacen papel por la tela
10 del vestido. ¡Vaya una pechuga[28] la del difunto! No seré yo, en mis días, quien halague su vanidad, gastando los cuatro pesos que importa la jerga franciscana.[29] ¿Querer lujo hasta para pudrir tierra? ¡Hase visto presunción de tal laya! [30] ¡Milagro no le
15 vino en antojo que lo enterrasen[31] con guantes de gamuza, botas de campana y gorguera de encaje! [32] Vaya al agujero como está el muy bellaco, y agradézcame que no lo mande en el traje que usaba el padre Adán antes de la golosina.[33]
20 Y dos negros esclavos del hospital cogieron el cadáver y lo transportaron al corralón que servía de cementerio.

---

[24] había pedido muchas gollerías: *(fig. & fam.) he had asked for too much*
[25] bien aviado: *well dressed*
[26] la flaca: *familiar personification of death*
[27] hoyo: *(fam.), the tomb*
[28] vaya una pechuga: *what a nerve*
[29] que importa la jerga franciscana: *that the Franciscan habit costs*
[30] háse visto... tal laya: *what do you think!*
[31] milagro no...enterrasen: *it's a miracle he didn't wish to be buried*
[32] gorguera de encaje: *laced ruff used around the neck*
[33] antes de la golosina: *before eating the apple from the Forbidden Tree*

## II

El excelentísimo señor don Manuel Guirior, natural de Navarra[34] y de la familia de San Francisco Javier,[35] caballero de la Orden de San Juan,[36] teniente general de la real armada, gentilhombre de cámara y marqués de Guirior, hallábase como virrey [5] en el nuevo reino de Granada,[37] donde había contraído matrimonio con doña María Ventura, joven bogotana, cuando fue promovido por[38] Carlos III al gobierno del Perú.

Guirior, acompañado de su esposa, llegó a Lima de [10] incógnito[39] el 17 de julio de 1776, como sucesor de Amat.[40] Su recibimiento público se verificó con mucha pompa el 3 de diciembre, es decir, a los cuatro meses de haberse hecho cargo[41] del gobierno. La sagacidad de su carácter y sus buenas dotes adminis- [15] trativas le conquistaron en breve[42] el aprecio general. Atendió mucho a la conversión de infieles, y aun fundó en Chanchamayo[43] colonias y fortalezas, que posteriormente fueron destruidas por los salvajes. En

[34] natural de Navarra: *native of Navarre, a province in the North of Spain*

[35] de la familia de San Francisco Javier: *a descendant of St. Francis Xavier*

[36] Orden de San Juan: *Order of St. John, a religious and military order of Spain*

[37] nuevo reino de Granada: *The New Kingdom of Granada, present-day Colombia*

[38] fue promovido por: *he was promoted to. . .by*

[39] de incógnito: *incognito, under an assumed name*

[40] Amat: *Manuel de Amat y Junyent (s.XVIII), Spanish diplomat, governor of Chile and Viceroy of Peru (1761-1776).*

[41] hecho cargo: *had taken charge of*

[42] en breve: *shortly, very soon*

[43] Chanchamayo: *a Peruvian town*

Lima estableció el alumbrado público con pequeño gravamen de los vecinos, y fue el primer virrey que hizo publicar bandos contra el diluvio llamado juego de carnavales. Verdad es que, entonces como ahora,
5 bandos tales fueron letra muerta.

Guirior fue el único, entre los virreyes, que cedió a los hospitales los diez pesos que, para sorbetes y pastas, estaban asignados por real cédula a su excelencia siempre que honraba con su presencia una función
10 de teatro. En su época se erigió el virreinato de Buenos Aires y quedó terminada la demarcación de límites del Perú, según el tratado de 1777 entre España y Portugal, tratado que después nos ha traído algunas desazones con el Brasil y el Ecuador.

15 En el mismo aciago año de los tres sietes nos envió la corte al consejero de Indias don José de Areche,[44] con el título de superintendente y visitador general de la real hacienda, y revestido de facultades omnímodas tales, que hacían casi irrisoria la autoridad del virrey.
20 La verdadera misión del enviado regio era la de exprimir la naranja hasta dejarla sin jugo. Areche elevó la contribución de indígenas a un millón de pesos: creó la junta de diezmos; los estancos y alcabalas dieron pingües rendimientos;[45] abrumó de
25 impuestos y socaliñas a los comerciantes y mineros, y tanto ajustó la cuerda[46] que en Huaraz, Lambayeque, Huánuco, Pasco, Huancavélica, Moquegua[47] y otros lugares estallaron serios desórdenes, en los que hubo

---

[44] José de Areche: *(s. XVIII), Spanish politician, Commissioner of Peru in 1780.*
[45] pingües rendimientos: *lucrative earnings*
[46] ajustó la cuerda: *he tightened up*
[47] Huarez. . .Moquegua: *small Peruvian towns*

corregidores, alcabaleros y empleados reales ajusti-
ciados por el pueblo. «La excitación era tan grande
—dice Lorente —que en Arequipa[48] los muchachos de
una escuela dieron muerte a uno de sus camaradas
que, en sus juegos, había hecho el papel de aduanero, 5
y en el llano de Santa Marta dos mil arequipeños
osaron, aunque con mal éxito, presentar batalla a las
milicias reales.» En el Cuzco[49] se descubrió muy
oportunamente una vasta conspiración encabezada
por don Lorenzo Farfán y un indio cacique[50] los 10
que, aprehendidos, terminaron su existencia en el
cadalso.

Guirior se esforzó en convencer al superintendente
de que iba por mal camino;[51] que era mayúsculo el
descontento, y que con el rigorismo de sus medidas 15
no lograría establecer los nuevos impuestos, sino crear
el peligro de que el país en masa recurriese a la
protesta armada, previsión que dos años más tarde y
bajo otro virrey, vino a justificar la sangrienta
rebelión de Tupac-Amaru.[52] Pero Areche pensaba 20
que el rey lo había enviado al Perú para que, sin
pararse en barras,[53] enriqueciese el real tesoro a
expensas de la tierra conquistada, y que los peruanos
eran siervos cuyo sudor, convertido en oro, debía
pasar a las arcas de Carlos III. Por lo tanto, informó al 25

[48] Arequipa: *a city to the South of Lima, Peru, founded by Pizarro in 1540*

[49] Cuzco: *a city to the Southeast of Lima, Peru, founded by the Incas in the 11th century A.D.*

[50] indio cacique: *Indian chief and warrior*

[51] iba por mal camino: *(he) was on the wrong track, he went astray*

[52] Tupac-Amaru: *Condorcanqui, José Gabriel (1740? -1781), rebel Peruvian Indian chief, descendant of the Incas, executed by the Spaniards in 1781.*

[53] pararse en barras: *to stop at nothing*

soberano que Guirior lo embarazaba para esquilmar el país y que nombrase otro virrey, pues su excelencia maldito si servía para[54] lobo rapaz y carnicero. Después de cuatro años de gobierno, y sin la más leve fórmula de cortesía, se vió destituido don Manuel Guirior, trigésimosegundo virrey del Perú, y llamado a Madrid, donde murió pocos meses después de su llegada.

Vivió una vida bien vivida.[55]

Así, en el juicio de residencia como en el secreto que se le siguió, salió victorioso el virrey y fue castigado Areche severamente.


## III


En tanto que el sepulturero abría la zanja, una brisa fresca y retozona oreaba[56] el rostro del muerto, quien ciertamente no debía estarlo en regla,[57] pues sus músculos empezaron a agitarse débilmente, abrió luego los ojos y, al fin, por uno de esos maravillosos instintos del organismo humano, hízose cargo[58] de su situación. Un par de minutos que hubiera tardado nuestro español en volver de su paroxismo o catalepsia, y las paladas de tierra no le habrían dejado campo para rebullirse y protestar.

Distraido el sepulturero con su lúgubre y habitual faena, no observó la resurrección que se estaba

---

[54] si servía para: *if he was good for*
[55] vida bien vivida: *a full life*
[56] oreaba: *(fig.) was airing*
[57] estarlo en regla: *to be in proper form*
[58] hízose cargo: *(he) realized*

verificando[59] hasta que el muerto se puso sobre sus
puntales y empezó a marchar con dirección a[60] la
puerta. El buho de cementerio[61] cayó accidentado,
realizándose casi al pie de la letra aquello que canta la
copla:                                                                              5

> *el vivo se cayó muerto*
> *y el muerto partió a correr.*

Encontrábase don Gil en la sala de San Ignacio[62]   10
vigilando que los topiqueros[63] no hiciesen mucho
gasto de azúcar para endulzar las tisanas[64] cuando
una mano se posó familiarmente en su hombro y oyó
una voz cavernosa que le dijo: ¡Avariento! ¿Dónde
está mi mortaja?                                                            15

Volvióse aterrorizado don Gil. Sea el espanto de
ver un resucitado de tan extraño pelaje,[65] o sea que
la voz de la conciencia hubiese hablado en él muy
alto, es el hecho que el infeliz perdió desde ese
instante la razón. Su sacrílega avaricia tuvo la locura  20
por castigo.

En cuanto al[66] español, quince días más tarde salía
del hospital completamente restablecido, y después
de repartir en limosnas las peluconas, causa de la
desventura de don Gil, tomó el hábito de lego en el  25

---

[59] estaba verificando: *was taking place*
[60] con dirección a: *towards*
[61] buho de cementerio: *(fig.)*, *gravedigger*
[62] San Ignacio: *St. Ignatius of Loyola (1491-1556), Spanish soldier and ecclesiastic, founder of the Society of Jesus*
[63] topiqueros: *helpers*
[64] tisanas: *medicinal drinks*
[65] extrano pelaje: *(fig.)*, *strange looks*
[66] en cuanto al: *as for the*

convento de los padres descalzos, y personas respetables que lo conocieron y trataron nos afirman que alcanzó a morir en olor de santidad,[67] allá por los años de 1812.

## CUESTIONARIO

1. ¿En qué año entró el enfermo al hospital de San Andrés?
2. ¿Qué opinaron los médicos de su dolencia?
3. ¿Dónde había nacido el hombre enfermo?
4. ¿A quién le reveló el enfermo la historia de su pasado?
5. ¿Cuánto dinero deseaba el moribundo legarle al ecónomo?
6. ¿Qué debía hacer Gil Paz con la herencia del moribundo?
7. ¿A qué hora dejó de respirar el moribundo?
8. ¿Qué clase de hombre era Gil Paz?
9. ¿Cuándo se inauguró el primer cementerio general en Lima? ¿Dónde enterraban antes a los muertos?
10. ¿Cumplió Gil Paz con la promesa que le hizo al moribundo? ¿Por qué motivo no la llevó a cabo?
11. ¿Quién era don Manuel Guirior y qué cargo ocupaba en Lima?
12. ¿Qué clase de administrador era Guirior?
13. ¿Qué hizo Guirior para mejorar las condiciones de vida de los habitantes de Lima (limeños)?
14. ¿Quién llegó también a Lima durante el año fatal de 1777? ¿Cuál era su misión principal?
15. Areche impuso en el Perú una serie de deberes económicos que causaron muchos desórdenes. ¿Podría usted indicar cuáles fueron estos deberes?

[67] morir en olor de santidad: *to die in a state of holiness.*

16. ¿Qué sucedió en la escuela de Arequipa?

17. ¿Cuál fue el papel de Lorenzo Farfán en el incidente que ocurrió en el Cuzco?

18. ¿Cuál fue el resultado de las medidas de Areche? ¿Qué sucedió dos años más tarde (1779) y bajo qué virreinato?

19. Explique quién era Tupac-Amaru.

20. ¿Después de cuántos años de gobierno el virrey Guirior fue destituido de su cargo? ¿Podría explicar cuál fue la causa?

21. ¿Cuál fue el resultado del juicio de residencia que se le siguió a Guirior? ¿Qué le pasó a Areche?

22. ¿Qué le pasó al sepulturero mientras abría la zanja para enterrar al muerto? ¿Quién era el muerto?

23. ¿Que le pasó a Gil Paz en la Sala de San Ignacio?

24. ¿Qué hizo el español con el dinero que le había dado a Gil Paz?

25. Aproximadamente, ¿cuántos años tenía el hermano lego al morir? ¿En qué estado murió?


## PARA DISCUTIR Y ESCRIBIR


1. ¿Qué tema trata el autor con cierta ironía?

2. ¿Cree usted que el español verdaderamente resucitó? ¿Es solamente un medio que el autor usa para subrayar la moraleja del cuento?

3. ¿Por qué causa el pobre español se hizo hermano lego?

4. ¿Qué papel desempeñaba Areche en la administración del reino del Perú durante el año 1777? ¿Cómo se llamaría a ese cargo en la época actual?

5. ¿Quién era rey de España durante la época en que suce-
   dieron los hechos que nos relata Palma?

6. Busque en el texto hechos históricos que ocurrieron
   durante la época en la cual vivió *el Resucitado*.

7. ¿De cuántos temas trata el relato?

8. ¿Cómo se llama este género literario que emplea el
   autor para contarnos la historia del pobre español?

9. Escriba un pequeño párrafo: (a) describiendo la técnica
   que Palma emplea en sus tradiciones; y, (b) compa-
   rando las tradiciones de Palma con la crónica de Larra
   que aparece en la lectura anterior.

# 3

# Rosalía
# de Castro

# ROSALÍA DE CASTRO

ESPAÑA, 1837-1885

*En la segunda mitad del siglo XIX se produce un hecho singular en la literatura española: mientras prevalece el realismo en la narrativa, en el teatro y en la poesía surge la llamada poesía postromántica en la cual se destacan los dos mejores poetas españoles: el sevillano Gustavo Adolfo Bécquer (1836-1870) y la gallega Rosalía de Castro. Esta poetisa nació en Santiago de Compostela bajo el signo de la amargura, la que llega a su punto más amargo con la muerte de uno de sus hijos, víctima de una terrible enfermedad. Ella misma murió relativamente joven, después de muchos padecimientos.*

*Rosalía de Castro dejó tres libros de versos de suma importancia porque contribuyeron a abrir nuevos cauces en la poesía española contemporánea. Se inició con* Cantares gallegos *(1863), escritos en esa lengua regional. Contiene temas que representan la poesía popular de su región natal: el paisaje melancólico y agreste; las costumbres (amores, romerías); y la melancolía profunda del gallego, sobre todo la de los campesinos. En su segundo libro, escrito también en gallego y titulado* Follas novas *(1880), "hojas nuevas", se nota un profundo cambio en la autora. Ahora se vuelve introspectiva y el tono nostálgico y melancólico que ya hemos visto, se convierte en un dolor elegíaco. La naturaleza sigue presente, pero aparece en las imágenes que representan su desilusión y dolor. Su obra cumbre es* En las orillas del Sar *(1884), escrita enteramente en español. Los temas esenciales son el tiempo y la muerte.*

*Los libros de Rosalía de Castro pasaron casi inadvertidos, porque el gusto de la época se inclinaba más al realismo irónico y burgues, o al prosaísmo. Sin embargo, la crítica moderna la considera como la poetisa más importante de la lengua española. Toda su poesía se destaca por la sinceridad del sentimiento, la autenticidad del dolor experimentado y su profunda preocupación social sobre la suerte de su pueblo. Se considera a Rosalía de Castro como una precursora de la poesía contemporánea por los siguientes elementos de su estilo: ritmos nuevos, la estructura del verso y el vocabulario que contiene giros capaces de trasmitir en forma directa, lo dramático y sombrío de la existencia.*

*El poema de esta selección, "Dicen que no hablan las plantas", pertenece a la colección de versos* En las orillas del Sar. *En él encontramos dos motivos constantes de la poesía de Rosalía de Castro: su interés en la naturaleza y una angustiosa preocupación por el paso destructor del tiempo. Su panteísmo (vinculación con los elementos naturales) le hace concebir un diálogo entre ella y varios de aquellos elementos. Éstos le critican que sueñe con una primavera eterna (símbolo de la juventud), y le recuerdan que pronto envejecerá. La poetisa les responde que aunque sabe que ha envejecido ("Hay canas en mi cabeza"), aún necesita soñar, porque no podría vivir ni admirar la naturaleza sin sus sueños.*

33

# Dicen que no hablan
# las plantas

Dicen que no hablan las plantas, ni las fuentes,
   ni los pájaros,
ni la onda con sus rumores, ni con su brillo los astros;
lo dicen, pero no es cierto, pues siempre cuando[1] yo
     paso             5
de mí murmuran y exclaman:

Ahí va la loca,[2] soñando
con la eterna primavera de la vida y de los campos,
y ya bien pronto,[3] bien pronto, tendrá los cabellos
     canos,           10
y ve temblando, aterida, que cubre la escarcha el
     prado.[4]

Hay canas en mi cabeza; hay en los prados escarcha;
mas yo prosigo soñando, pobre, incurable sonámbula,
con la eterna primavera de la vida que se apaga     15
y la perenne frescura de los campos y las almas,

[1] pues siempre cuando: *for whenever*
[2] ahí va la loca: *there goes the crazy (woman)*
[3] ya bien pronto: *very soon*
[4] que cubre la escarcha el prado: *that the frost covers the meadow*

aunque los unos se agostan[5] y aunque las otras se
    abrasan.[6]

Astros y fuentes y flores, no murmuréis de mis
    sueños;
5 sin ellos, ¿cómo admiraros, ni cómo vivir sin ellos?[7]

## CUESTIONARIO

1. ¿A quiénes se dirige la poetisa?
2. ¿Cuál es el tema de este poema?
3. ¿Quiénes le critican a la poetisa sus sueños de eterna
    primavera?

## PARA DISCUTIR Y ESCRIBIR

1. Explique por qué la poetisa defiende su capacidad de
    soñar.
2. ¿En qué etapa de su vida se encuentra la poetisa?
3. De acuerdo con el contenido del poema, indique a qué
    tipo de poesía pertenece.
4. Explique el significado de la imagen "con la eterna prima-
    vera de la vida que se apaga" (*línea 15*). ¿Cómo podría
    decirse en inglés?

[5] aunque los unos se agostan: *even though the ones (the fields)
become scorched*
[6] y aunque las otras se abrasan: *and the others (the souls) burn with
passion*
[7] ¿cómo admiraros. . .ellos? : *how could one admire you, and how
could one live without them*

# 4

# Miguel
# de Unamuno

# MIGUEL DE UNAMUNO

ESPAÑA, 1864-1936

En la transición del siglo XIX al XX, se produce una profunda crisis en la cultura occidental que abarcó todos los órdenes de la vida: filosofía, ideología, arte, literatura y política. En España, esta crisis provocó un deseo de regeneración, de reforma y de cambio que se convierte en el objetivo principal de la llamada "Generación del 98", que agrupa a los escritores españoles que hicieron posible la renovación de la literatura hispánica. La personalidad más representativa de este grupo de escritores es Miguel de Unamuno. Aunque nació en Bilbao, ciudad de las provincias vascas, Unamuno se vinculó espiritualmente a Castilla —como símbolo de la nacionalidad española— con el fin de lograr su integración. Estudió en la Universidad de Madrid, donde se graduó en Filosofía y Letras. Por varios años fue profesor de griego y también rector de la famosa Universidad de Salamanca. Murió en Salamanca el 31 de diciembre de 1936, poco después de haber comenzado la guerra civil española (1936-1939).

En toda la extensa obra de Unamuno aparecen siempre los temas que más le obsesionaron como hombre y como escritor: el destino de España; la angustia existencial sobre el origen y el destino final del individuo; y especialmente, su ansia de inmortalidad, a la que se une el eterno conflicto entre la razón y la fé. Su obra abarca todos los géneros literarios: ensayo, poesía, narrativa (novela y cuento) y teatro. Su mejor ensayo es Vida de Don Quijote y Sancho (1905) en el que reacciona contra el racionalismo europeo y propone a Don Quijote, símbolo del idealismo más puro, como el ejemplo a seguir. Otro ensayo importante es Del sentimiento trágico de la vida (1913) en el cual plantea los problemas que más le preocupaban: la inmortalidad y el conflicto entre la razón y la fé.

Entre sus novelas más notables deben mencionarse: Niebla (1914), la historia de un hombre que duda de su propia existencia a pesar de su ansia de inmortalidad; Abel Sánchez (1917), un estudio de la envidia; y, San Manuel Bueno, mártir (1933), en la que el autor expresa su angustia religiosa y su anhelo de supervivencia en el tiempo.

También sobresalió Unamuno como cuentista, como lo demuestra su colección El espejo de la muerte (1913). De este libro se seleccionó "Juan Manso" como uno de los mejores relatos del autor y que él subtitula "cuento de muertos". La narración cuenta la historia de un hombre que por ser demasiado noble, candoroso, ingenuo y bueno no logra en el cielo lo deseado porque allí no se admiran esas virtudes (como supone la fé tradicional). Vuelto a la tierra por compasión del Señor, Juan decide entonces ser como todos los hombres: lucha con todo egoísmo para triunfar en la vida. El cuento está escrito en un estilo muy coloquial, con abundancia de frases idiomáticas muy usadas por el pueblo, y contiene *notas de humorismo e ironía. Unamuno rompe con la realidad para darnos un cuento fantástico sobre la verdad que plantea la lucha por la vida.*

# Juan Manso

## CUENTO DE MUERTOS

Y va de cuento.

Era Juan Manso en esta pícara tierra un bendito de
Dios,[1] una mosquita muerta[2] que en su vida rompió
un plato.[3] De niño, cuando jugaban al burro[4] sus
5  compañeros, de burro hacía él; más tarde fue el
confidente de los amoríos de sus camaradas, y cuando
llegó a hombre hecho y derecho[5] le saludaban sus
conocidos con un cariñoso: ¡Adiós, Juanito!

Su máxima suprema fue siempre la del chino: no
10  comprometerse y arrimarse al sol que más calienta.[6]

Aborrecía la política, odiaba los negocios, repug-
naba todo lo que pudiera turbar la calma chicha[7] de
su espíritu.

Vivía de unas rentillas, consumiéndolas íntegras y
15  conservando entero el capital. Era bastante devoto,
no llevaba la contraria a nadie[8] y como pensaba mal
de todo el mundo, de todos hablaba bien.

---

[1] bendito de Dios: *a simple-minded soul*
[2] mosquita muerta: *(colloq.) hypocrite, one who feigns meekness*
[3] que en su vida rompió un plato: *(colloq.) who never in his life hurt a fly*
[4] jugaban al burro: *a children's game in which one plays a donkey*
[5] hombre hecho y derecho: *(colloq.) a full-grown man*
[6] arrimarse al sol que más calienta: *(colloq.) to know on what side your bread is buttered*
[7] calma chicha: *dead calm*
[8] no llevaba la contraria a nadie: *he did not contradict anybody*

Si le hablaban de política, decía:

—Yo no soy nada, ni fu ni fa,[9] lo mismo me da rey que roque:[10] soy un pobre pecador que quiere vivir en paz con todo el mundo.

No le valió, sin embargo, su mansedumbre, y al ⁵ cabo[11] se murió, que fue el único acto comprometedor que efectuó en su vida.

Un ángel armado de flamígero espadón hacía el apartado de las almas, fijándose en el señuelo con que las marcaban en un registro o aduana por donde ¹⁰ tenían que pasar al salir del mundo, y donde, a modo de[12] mesa electoral, ángeles y demonios, en amor y compaña, escudriñaban los papeles por si no venían en regla.[13]

La entrada al registro parecía taquilla de expende- ¹⁵ duría[14] en día de corrida mayor. Era tal el remolino de gente,[15] tantos los empellones, tanta la prisa que tenían todos por conocer su destino eterno, y tal el barullo que imprecaciones, ruegos, denuestos y discul- pas en las mil y una lenguas, dialectos y jergas del ²⁰ mundo armaban, que Juan Manso se dijo:

—¿Quién me manda meterme en líos?[16] Aquí debe de haber hombres muy brutos.

Esto lo dijo para el cuello de su camisa,[17] no fuera que se lo oyesen. ²⁵

---

[9] ni fu ni fa: *neither fish nor fowl*

[10] lo mismo me da rey que roque: *it's all the same to me; (literally, it is the same, king or rook)*

[11] al cabo: *at last, finally*

[12] a modo de: *like*

[13] en regla: *in order*

[14] taquilla de expendiduría: *ticket office*

[15] remolino de gente: *a crowd, moving mass*

[16] meterme en líos: *to get involved in difficulties*

[17] dijo para el cuello de su camisa: *said to himself*

El caso es que el ángel del flamígero espadón maldito el caso que hizo de él,[18] y así pudo colarse camino de la Gloria.

Iba solo y pian, pianito.[19] De vez en vez[20] pasaban alegres grupos, cantando letanías, y bailando a más y mejor algunos, cosa que le pareció poco decente[21] en futuros bienaventurados.

Cuando llegó al alto[22] se encontró con una larga cola de gente a lo largo de las tapias del Paraíso y unos cuantos ángeles que cual *guindillas*[23] en la tierra velaban por el orden.

Colócase Juan Manso a la cola de la cola.[24] A poco llegó un humilde franciscano, y tal maña se dio,[25] tan conmovedoras razones adujo sobre la prisa que le corría por entrar cuanto antes,[26] que nuestro Juan Manso le cedió su puesto diciéndose:

—Bueno es hacerse amigos[27] hasta en la Gloria eterna.

El que vino después, que ya no era franciscano, no quiso ser menos[28] y sucedió lo mismo.

En resolución, no hubo alma piadosa que no birlara el puesto[29] a Juan Manso, la fama de cuya mansedumbre corrió por toda la cola y se transmitió como tradición flotante sobre el continuo fluir de gente por

---

[18] maldito el caso que hizo de él: *paid very little attention to him*
[19] pian, pianito: *slowly, softly*
[20] de vez en vez: *from time to time*
[21] poco decente: *not very proper*
[22] llegó al alto: *arrived in heaven*
[23] "guindillas": *policeman*
[24] a la cola de la cola: *at the end of the line*
[25] tal maña se dio: *he managed in such a way (to get ahead)*
[26] cuanto antes: *as soon as possible*
[27] hacerse amigos: *to become friends with*
[28] no quiso ser menos: *(he) didn't want to be left behind*
[29] birlara el puesto: *he would be done out of, would lose his place*

ella. Y Juan Manso, esclavo de su buena fama.

Así pasaron siglos al parecer de[30] Juan Manso, que no menos tiempo era preciso para que el corderito empezara a perder la paciencia.[31] Topó, por fin, cierto día con un santo y sabio obispo. que resultó ser 5 tataranieto de un hermano de Manso. Expuso éste sus quejas a su tatarasobrino, y el santo y sabio obispo le ofreció interceder por[32] él junto al Eterno Padre, promesa en cuyo cambio cedió Juan su puesto al obispo santo y sabio. 10

Entró éste en la Gloria y, como era de rigor,[33] fue derechito a ofrecer sus respetos al Padre Eterno. Cuando hubo rematado el discursillo, que oyó el Omnipotente distraido, díjole éste:

—¿No traes postdata? —mientras le sondeaba el 15 corazón con su mirada.

—¡Señor! Permitidme que interceda por uno de vuestros siervos que allá, a la cola de la cola . . .

—Basta de retóricas —dijo el Señor con voz de trueno—. ¿Juan Manso? 20

—El mismo, Señor, Juan Manso que. . .

—¡Bueno, bueno! Con su pan se lo coma,[34] y tú no vuelvas a meterte en camisa de once varas.[35]

Y volviéndose al ángel introductor de almas, añadió: 25

¡Que pase otro!

Si hubiera algo capaz de turbar la alegría insepa-

---

[30] al parecer de: *in the opinion of*
[31] perder la paciencia: *to lose one's temper*
[32] interceder por: *to plead on* [his] *behalf*
[33] era de rigor: *(it) was obligatory*
[34] con su pan se lo coma: *he made his own bed, let him lie in it*
[35] meterte en camisa de once varas: *to meddle in other people's business*

rable de un bienaventurado, diríamos que se turbó la
del santo y sabio obispo. Pero, por lo menos, movido
de piedad, acercóse a las tapias de la Gloria, junto a
las cuales se extendía la cola, trepó a aquéllas, y
5 llamando a Juan Manso, le dijo:

— ¡Tataratío, cómo lo siento! ¡Cómo lo siento,
hijito mío! El Señor me ha dicho que te lo comas
con tu pan y que no vuelva a meterme en camisa de
once varas. Pero... ¿sigues todavía en la cola de la
10 cola? Ea, ¡hijito mío! , ármate de valor y no vuelvas
a ceder tu puesto.

— ¡A buena hora mangas verdes! [36] —exclamó
Juan Manso, derramando lagrimones como garbanzos.

Era tarde, porque pesaba sobre él la tradición fatal
15 y ni le pedían ya el puesto, sino que se lo tomaban.

Con las orejas gachas[37] abandonó la cola y empezó
a recorrer las soledades y baldíos de ultratumba, hasta
que topó con un camino donde iba mucha gente,
cabizbajos todos. Siguió sus pasos y se halló a las
20 puertas del Purgatorio.

—Aquí será más fácil entrar —se dijo—, y una vez
dentro y purificado me expedirán directamente al
cielo.

— ¿Eh, amigo, adónde va?
25 Volvióse Juan Manso y hallóse cara a cara con un
ángel, cubierto con una gorrita de borla, con una
pluma de escribir en la oreja, y que le miraba por
encima de las gafas. Después que le hubo examinado
de alto a bajo, le hizo dar vuelta, frunció el entrecejo
30 y le dijo:

---

[36] a buena hora mangas verdes: *(colloq.) now you're telling me*
[37] orejas gachas: *crestfallen*

—¡Hum, *malorum causa!* ³⁸ Eres gris hasta los
tuétanos. . .³⁹ Temo meterte en nuestra lejía, no sea
que te derritas. Mejor harás en ir al Limbo.

—¡Al Limbo!

Por primera vez se indignó Juan Manso al oir esto, 5
pues no hay varón tan paciente y sufrido que aguante
el que un ángel le trate de tonto de capirote.⁴⁰

Desesperado tomó camino del Infierno. No había
en éste cola ni cosa que lo valga.⁴¹ Era un ancho
portalón de donde salían bocanadas de humo espeso 10
y negro y un estrépito infernal. En la puerta un pobre
diablo tocaba un organillo y se desgañitaba gritando:

—Pasen ustedes, señores, pasen. . . Aquí verán
ustedes la comedia humana. . . Aquí entra el que
quiere. . . 15

Juan Manso cerró los ojos.

—¡Eh, mocito, alto! —le gritó el pobre diablo.

—¿No dices que entra el que quiere?

—Sí, pero. . . ya ves —dijo el pobre diablo ponién-
dose serio y acariciándose el rabo—, aún nos queda 20
una chispita de conciencia. . . y la verdad. . . tú. . .

—¡Bueno! ¡Bueno! —dijo Juan Manso volviéndose porque no podía aguantar el humo.

Y oyó que el diablo decía para su capote:

—¡Pobrecillo! 25

—¡Pobrecillo! Hasta el diablo me compadece.

Desesperado, loco, empezó a recorrer, como tapón
de corcho⁴² en medio del océano, los inmensos

---

³⁸ "malorum causa": *the root of all evil*
³⁹ eres gris hasta los tuétanos: *you are grey through and through*
⁴⁰ tonto de capirote: *a complete idiot*
⁴¹ ni cosa que lo valga: *nor anything like it*
⁴² tapón de corcho: *cork plug*

baldíos de ultratumba, cruzándose de cuando en cuando con el alma de Garibay.[43]

Un día que atraído por el apetitoso olorcillo que salía de la Gloria se acercó a las tapias de ésta a oler lo 5 que guisaban dentro, vio que el Señor, a eso de la caída de la tarde,[44] salía a tomar el fresco por los jardines del Paraíso. Le esperó junto a la tapia, y cuando vio su augusta cabeza, abrió sus brazos en ademán suplicante y con tono un tanto[45] despechado 10 le dijo:

—¡Señor, Señor! ¿No prometisteis a los mansos vuestro reino?

—Sí; pero a los que embisten, no a los embolados.[46]

15 Y le volvió la espalda.

Una antiquísima tradición cuenta que el Señor, compadecido de Juan Manso, le permitió volver a este pícaro mundo; que de nuevo en él, empezó a embestir a diestro y siniestro con toda la intención de un 20 pobrecito infeliz; que muerto de segunda vez atropelló la famosa cola y se coló de rondón[47] en el Paraíso.

Y que en él no cesa de repetir:

—¡Milicia es la vida del hombre sobre la tierra!

---

[43] el alma de Garibay: *the soul of Garibay (who was supposedly barred from both Heaven and Hell*

[44] a eso de la caída de la tarde: *at dusk*

[45] un tanto: *somewhat*

[46] los embolados: *bulls with wooden balls placed on their horns to render them harmless*

[47] se coló de rondón: *(he) sneaked in brashly or unexpectedly*

# CUESTIONARIO

1. ¿Cómo se sabe, desde las primeras palabras del autor, que al protagonista le sentaba perfectamente bien su apellido?

2. ¿Cuál era la máxima suprema para Juan Manso? ¿Cree Ud. que esta actitud es típica de un hombre que carece de una personalidad definida?

3. ¿De qué vivía Juan Manso? ¿Le costaba mucho ganarse la vida? ¿Qué hacía con el dinero?

4. ¿Cuál fue el único acto comprometedor de su vida? ¿Se dieron cuenta sus amistades?

5. ¿Qué les sucede a las almas que salen del mundo? ¿Por dónde tienen que pasar?

6. ¿Con qué compara el autor la entrada al camino de la Gloria? ¿Le parecía muy difícil a Juan Manso entrar al Paraíso?

7. ¿Por qué el autor compara a los ángeles de lo Alto con los policías que hay en la tierra? ¿Recuerda Ud. qué expresión usa el autor y por qué?

8. ¿Con qué objeto Juan Manso le cedió su puesto al humilde franciscano? ¿Fue solamente por cortesía?

9. ¿Por qué Juan Manso perdió la paciencia a la entrada del cielo?

10. ¿A cambio de qué el santo obispo intercedió ante el Omnipotente por la suerte de Juan Manso? ¿Cuál fue la sentencia del Señor?

11. ¿Cómo halló Juan Manso el Purgatorio y qué le sucedió allá?

12. ¿Por qué se indignó Juan Manso cuando el ángel del Purgatorio le mandó al Limbo?

13. ¿Qué suerte tuvo Juan Manso en el Infierno? ¿Por qué el "pobre diablo" no lo quiso admitir en el Infierno a pesar de la entrada libre?

14. ¿Cómo Juan Manso logró hablar directamente con el Señor? ¿Qué le permitió hacer el Señor?

15. ¿De qué le sirvió a Juan Manso volver al pícaro mundo?

## PARA DISCUTIR Y ESCRIBIR

1. ¿Qué clase de vida llevaba Juan Manso en su primera vida? ¿En su segunda vida?

2. ¿Qué trata de decirnos el autor al contrastar las dos clases de vida que un hombre puede llevar?

3. ¿Encuentra Ud. la intención del autor un tanto irónica con respecto a la interpretación del concepto mansedumbre, en el hombre común?

4. ¿Cómo titularía Ud. el cuento en inglés?

5. Explique el sentido de las palabras del Señor: "Sí, pero a los que embisten, no a los embolados."

6. El ángel del Purgatorio no quiso admitir a Juan Manso porque era "malorum causa." Explique el significado de esta expresión. Indique la causa de los rechazos que tuvo Juan en lo Alto.

7. ¿Qué significa en inglés la expresión:" ¡Milicia es la vida del hombre sobre la tierra! " que Juan Manso repetía sin cesar, después de haber logrado entrar al Paraíso?

# 5

# Rubén
# Darío

# RUBÉN DARÍO

NICARAGUA, 1867-1916

*A partir de 1882 la literatura hispanoamericana se orienta hacia la busca de nuevos métodos y valores. El ansia de cambio produce "el modernismo", amplio y profundo movimiento de reforma y renovación literaria que tiene lugar en las letras hispánicas en los finales del siglo XIX y primeros del XX. Aunque realmente iniciado por José Martí (Cuba, 1853-1895) y otros, Rubén Darío llegó a ser el líder indiscutible de ese movimiento. Nació Darío en Metapa, Nicaragua. Su verdadero nombre era Félix Rubén García Sarmiento. Pasó casi toda su vida fuera de Nicaragua, y vivió en varias ciudades como Buenos Aires, Madrid, Barcelona y París, su favorita. Viajó por casi todos los países de Europa y de Hispanoamérica. Finalmente, en Nueva York, cayó gravemente enfermo y sus amigos lo llevaron a Guatemala y, después, a Nicaragua donde murió el 6 de febrero de 1916. Su nombre era ya universalmente conocido en el mundo de las letras.*

*Se considera a Rubén Darío como uno de los grandes innovadores de la poesía en español. En Valparaíso, Chile, publicó Azul (1888), libro que muestra una influencia directa de los ambientes y escritores franceses de la época. Este libro fijó su nombre entre los poetas de más promesa. Después, en*

*Buenos Aires publicó* Prosas profanas *(1896), libro de poesía, a pesar del título, en el que el poeta escoge el vocabulario, las estructuras y el ritmo del verso por su valor sonoro, musical y plástico. Años más tarde publicó en Madrid,* Cantos de vida y esperanza *(1905). El Darío del libro anterior ha desaparecido; su preocupación es metafísica aunque todavía conserva la elegancia de la forma que lo caracteriza. Este libro representa lo mejor de la producción del poeta porque ahora trata temas universales de la poesía: la angustia y dolor de vivir, la pérdida de la juventud, el paso del tiempo, los grandes enigmas de la existencia, la preocupación por el origen y el destino del hombre, etc. Estos mismos temas reaparecen en* El canto errante *(1907) y* Poema del otoño y otros poemas *(1910).*

*Además, Darío también cultivó el ensayo, especialmente el de crítica literaria y como conocía bien la literatura de su tiempo, sus juicios sobresalen por su certeza. En sus notables "crónicas" dejó su visión de los países y ciudades que visitó.*

*Ofrecemos como selecciones, dos poemas de Darío. "Caupolicán" un soneto modernista (escrito en versos alejandrinos o de catorce sílabas) que apareció en la segunda edición de* Azul *(1890). Caupolicán (?-1558), líder de los indios araucanos de Chile fue elegido jefe supremo porque sostuvo por más tiempo un pesado madero sobre sus hombros. Alonso de Ercilla y Zúñiga (1533-1594), el más famoso poeta épico español, también cuenta esa hazaña en su poema* La araucana *(1569). El segundo poema, "Lo fatal" es uno de los mejores poemas del libro cumbre de Darío,* Cantos de vida y esperanza *(1905). En él expresa su angustia existencial: el sufrimiento del hombre porque es consciente; el misterio del origen y destino final del individuo; la lucha eterna entre la carne y el espíritu como también, sus dudas sobre la existencia humana.*

# Caupolicán[1]

Es algo formidable que vio la vieja raza:[2]
robusto tronco de árbol al hombro de un campeón
salvaje y aguerrido, cuya fornida maza[3]
blandiera el brazo de Hércules,[4] o el brazo de
5      Sansón.[5]

Por casco sus cabellos, su pecho por coraza,
pudiera tal guerrero, de Arauco en la región,[6]
lancero de los bosques, Nemrod[7] que todo caza,
desjarretar un toro o estrangular un león.

10     Anduvo, anduvo, anduvo. Le vio la luz del día,
le vio la tarde pálida, le vio la noche fría,
y siempre el tronco de árbol a cuestas[8] del titán.

[1] Caupolicán: ( ? —1558) Chief of the Araucanian Indians of Chile,
  elected by his strength and endurance. Died executed by the Spaniards.
[2] vieja raza: the Araucanian Indians
[3] fornida maza: mace, a heavy wooden stick
[4] Hércules: Hercules, a hero of classical mythology noted for great
  strength
[5] Sansón: Samson, an Israelite judge of great physical strength, a
  Biblical figure
[6] en la región de Arauco: Southern province of Chile where the
  Araucanian Indians lived (and still do); they fought fiercely against
  the conquerors and resisted the Spanish colonization
[7] Nemrod: Nimrod, a mighty hunter and great-grandson of Noah,
  King of Chaldea
[8] a cuestas: on one's back or shoulders

« ¡El Toqui,[9] el Toqui! », clama la conmovida casta.
Anduvo, anduvo, anduvo. La aurora dijo: «Basta»,
e irguióse[10] la alta frente del gran Caupolicán.

## CUESTIONARIO

1. ¿Qué causó el asombro de la vieja raza? ¿Por qué?
2. Mencione tres adjetivos para describir a Caupolicán.
3. ¿A qué período histórico pertenece el tema del poema?
4. En la línea 8, ¿quién es el "lancero de los bosques"?
5. ¿De qué era capaz Caupolicán como guerrero?
6. ¿Por cuánto tiempo cargó Caupolicán el tronco de árbol sobre sus hombros? ¿Con qué fin?
7. ¿A quiénes representa "la conmovida casta" (*línea 1*)?
8. ¿Qué obtuvo Caupolicán después de pasar la prueba de resistencia?

## PARA DISCUTIR Y ESCRIBIR

1. ¿Cuál es el tema del poema? Cite ejemplos del texto que confirmen su punto de vista.
2. Explique el significado de las imágenes: (a) "Por casco los cabellos"; (b) "su pecho por coraza" (*línea 6*).
3. Escriba un pequeño párrafo describiendo qué es un soneto alejandrino de acuerdo con la estructura y la rima de este poema.

[9] Toqui: *chief or war leader of the Araucanian Indians.*
[10] irguióse = se irguió: *stood up*

# Lo Fatal

Dichoso el árbol que es apenas sensitivo,[1]
y más la piedra dura porque ésa ya no siente,
pues no hay dolor más grande que el dolor de ser vivo,
ni mayor pesadumbre que la vida consciente.[2]

5    Ser,[3] y no saber nada, y ser sin rumbo cierto,
y el temor de haber sido y un futuro terror...
Y el espanto seguro de estar mañana muerto,
y sufrir por la vida y por la sombra y por

lo que conocemos y apenas sospechamos,
10  y la carne que tienta con sus frescos racimos,
y la tumba que aguarda con sus fúnebres ramos,
¡y no saber adónde vamos,
ni de dónde venimos!...

---

[1] apenas sensitivo: *hardly sensitive*
[2] vida consciente: *conscious life; consciousness*
[3] ser: *to exist (poetic)*

# CUESTIONARIO

1. ¿Cuáles son las tres cosas que el poeta menciona por orden de sensibilidad en la primera estrofa?
2. Según el poeta, ¿por qué sufre el hombre?
3. Cite imágenes y expresiones que revelan la incertidumbre de la vida.

# PARA DISCUTIR Y ESCRIBIR

1. En la segunda estrofa, Darío revela el temor de "Ser, y no saber nada, y ser sin rumbo cierto". ¿Podría usted citar otras obras que conozca en las que se expresa el mismo sentimiento?
2. ¿Por qué en la frase "el dolor de ser vivo" *(línea 3)* el poeta usa el verbo ser y no estar?
3. ¿Cómo clasificaría este poema de Darío? ¿Es un poema romántico? Explique.

# 6

# Pablo
# Neruda

# PABLO NERUDA

CHILE, 1904-1973

*Aclamado universalmente como uno de los grandes poetas de la lengua española del siglo XX, Neruda recibió el Premio Nobel de Literatura en 1971, pasando a ser el segundo poeta chileno laureado con dicho premio. El primero fue una mujer, Gabriela Mistral (1889-1957) quien lo obtuvo en 1945. Neruda nació en Parral, Chile, de una familia humilde y su verdadero nombre era Neftalí Ricardo Reyes. En 1920 se trasladó a Santiago para ingresar al Instituto Pedagógico donde efectuó sus estudios superiores. Durante su larga vida ocupó cargos públicos de importancia: fue senador y diplomático. En 1950 recibió el Premio Internacional de la Paz otorgado por la Unión Soviética.*

*En la obra total de Neruda se pueden distiguir seis etapas que representan claramente la evolución de su creación poética. La primera etapa —versos de adolescencia y juventud— se manifiesta en* Crepusculario *(1923), su primera colección de poemas de carácter subjetivista y romántico. Además contiene los temas predilectos del poeta: la soledad, el abandono, la frustación, el escepticismo, y una cierta preocupación social. La segunda etapa —el amor y lo erótico— aparece con la publicación del libro de versos de amor más leido en Hispanoamérica,* Veinte poemas de amor y una canción desesperada *(1924)*. *Aquí aparece una innovación de su estilo: el verso es de ritmo interior y cada uno de ellos encierra un concepto o dos. La tercera etapa —superrealismo—, su poesía adquiere raíces más universales debido a que Neruda se une al movimiento superrealista y vanguardista europeo.* Su obra más importante de este período está represen- tada por Residencia en la tierra I *(1933)*, Residencia II *(1935)*, y Residencia III *(1947)*, *que contienen poemas de gran profundidad filosófica pero saturados del hermetismo superrealista. Estos poemas represen- tan la cosmovisión de Neruda que es apocalíptica y de gran fuerza emotiva. La cuarta etapa es el tono militante, político y social, es decir la obra "compro- metida" en la cual se refleja el campo ideológico del poeta, el comunismo. El tema constante de esta parte de su obra es la condición social del hombre que lucha contra las fuerzas opresoras de la sociedad en que vive. Los poemas más conocidos son: "España en el corazón" (1937), "Canto a Leningrado" y "Nuevo canto a Leningrado" (1943),* y Residencia en la tierra III *(1947)*, *que también pertenece a la etapa anterior. La quinta etapa —el tono americanista— está represen- tada por su poema más famoso y también uno de los más extensos,* Canto General *(1950)*, *publicado en México. Consta de quince capítulos y representa una total interpretación histórica, política y sociológica de los países hispanoamericanos abarcando el pasado, presente y futuro. El poema más sobresaliente es Al- turas de Machu-Picchu" (Capítulo II). La sexta etapa —época actual— refleja un nuevo estilo de su poesía iniciándose con la publicación de las* Odas elementales *(series de 1954, 1956, 1957, y 1959). Reaccionando contra el estilo de la oda clásica, Neruda emplea versos cortos para cantarle a las cosas más simples y sencillas de la vida, pero que tienen una gran utilidad para el hombre y la sociedad. Su lenguaje es claro, directo y simple; refleja el deseo del poeta de "explorar los misterios del universo" con el fin de hallar la elementalidad de la vida. Otras obras que muestran un poeta más reflexivo y sereno son:* Estravagario *(1958),* Cien sonetos de amor *(1959),* Cantos ceremoniales *(1961), y* Memorial de Isla Negra *(1964). Recientemente se publicó su obra póstuma* Confieso que he vivido *(1974), que contiene sus memorias.*

*De su obra hemos seleccionado "Oda al traje" de la colección de* Odas elementales *(1954). Su tema es la unión estrecha, constante, casi familiar que existe entre el individuo y su ropa. Traje y hombre viven juntos, sufren y hasta mueren en mutua compañía. La unidad llega a ser tan estrecha entre uno y el otro que un verso dice: "porque uno solo somos". Únicamente un poeta del genio de Neruda pudo cantarle a las cosas más cotidianas y humildes sin caer en los dos peligros de este tipo de poesía: el prosaísmo o la vulgaridad, y el sentimentalismo ridículo.*

# Oda al traje

Cada mañana esperas,
traje, sobre una silla
que te llene
mi vanidad, mi amor,
5    mi esperanza, mi cuerpo.
Apenas
salgo del sueño,[1]
me despido del agua,
entro en tus mangas,
10    mis piernas buscan
el hueco de tus piernas
y así abrazado
por tu fidelidad infatigable
salgo a pisar el pasto,
15    entro en la poesía,
miro por las ventanas,
las cosas,
los hombres, las mujeres,
los hechos y las luchas
20    me van formando,
me van haciendo frente[2]
labrándome las manos,

---

[1] apenas salgo del sueño: *no sooner do I wake up*
[2] me van haciendo frente: *(they) are confronting me*

abriéndome los ojos,
gastándome la boca
y así,
traje,
yo también voy formándote,                    5
sacándote los codos,
rompiéndote los hilos,
y así tu vida crece
a imagen de[3] mi vida.
Al viento                                      10
ondulas y resuenas
como si fueras mi alma,
en los malos minutos
te adhieres
a mis huesos                                   15
vacío, por la noche
la oscuridad, el sueño
pueblan con sus fantasmas
tus alas y las mías.
Yo pregunto                                     20
si un día
una bala
del enemigo
te dejará una mancha de mi sangre
y entonces                                      25
te morirás conmigo
o tal vez
no sea todo
tan dramático
sino simple,                                    30
y te irás enfermando,

[3] a imagen de: *in the image of*

traje,
conmigo,
envejeciendo
conmigo, con mi cuerpo
5    y juntos
entraremos
a la tierra.
Por eso
cada día
10    te saludo
con reverencia y luego
me abrazas y te olvido,
porque uno solo somos
y seguiremos siendo
15    frente al[4] viento, en la noche,
las calles o la lucha
un solo cuerpo
tal vez, tal vez, alguna vez inmóvil.

## CUESTIONARIO

1.  ¿Por qué el traje es fiel al poeta?
2.  ¿Qué le sucede al traje a medida que el poeta lo va usando?

[4] frente al: *in the face of*

## PARA DISCUTIR Y ESCRIBIR

1. ¿Qué viene siendo el traje para el hombre común?
2. En general, ¿cómo es el tono del poema?
3. ¿Qué significa la imagen "el sueño pueblan con sus fantasmas tus alas y las mías" *(líneas 16 y 17)*.
4. Escriba un pequeño párrafo describiendo qué es una oda y compare su estructura con la oda de Neruda.

# 7

## Julio
## Cortázar

# JULIO CORTÁZAR

ARGENTINA, 1914—

Cortázar nació en Bruselas de padres argentinos, pero todos sus estudios los hizo en Buenos Aires donde obtuvo su título de maestro en la Escuela Normal. En 1951 se trasladó a París donde ha vivido hasta hoy, trabajando como traductor de la UNESCO.

Cortázar puede considerarse como uno de los grandes experimentadores de la narrativa hispano-americana y de los más destacados cultivadores de la literatura fantástica y del absurdo, tanto en la novela como en el cuento. En 1949 publica Los reyes, poema dramático en prosa que presenta una nueva versión del mito del Minotauro. Su primera colección de cuentos es Bestiario (1951), en los cuales trata de encontrar, por medio de la relación que existe entre los animales y el hombre, nuevos aspectos de la realidad. Una nota existencial y humana aparece en sus dos colecciones de cuentos Final del juego (1956) y Las armas secretas (1959). En 1960 publica su primera novela, Los premios, cuyo asunto es el extraño viaje, en un transatlántico, de dieciocho personas que ganaron un premio de lotería en Buenos Aires. Su segunda novela, Rayuela (1963) representa hasta hoy la obra cumbre del autor. Es una novela de una estructura compleja y se puede leer de múltiples maneras: comenzando por el principio, por el final, *por el medio o siguiendo una "tabla" que el autor incluye. Su asunto es la búsqueda que el protagonista emprende de su amada, una mujer de identidad ambigua y dudosa. Esta novela ha sido traducida al inglés bajo el título de* Hopscotch.

*Cortázar, mostrando siempre extraordinaria imaginación y poder para crear mundos fantásticos donde desarrolla cabalmente la sicología de sus personajes, ha publicado su ultima novela,* Libro de Manuel *(1973), de estructura tan complicada como la de su obra maestra. La novela se funda en noticias de periódicos de diferentes países escritas en varias lenguas que tanto el protagonista como el lector van leyendo al mismo tiempo. En esta obra, Cortázar define su inconformidad con las formas políticas y sociales de la burguesía.*

*El cuento "Después del almuerzo" pertenece a la colección* Final del juego *(1956). Un niño, al parecer, es obligado por sus padres a llevar de paseo a algo que el autor nunca nos dice qué es. El hecho de que el autor no identifique plenamente lo que el niño tiene que llevar a pasear, parece reforzar la idea del desasosiego, de la infelicidad que se produce al estar comprometido en una situación en contra de la propia volutad. Cortázar no se pierde en el mero juego especulativo o intelectual sino que penetra en la crisis síquica del protagonista. Como la historia está narrada en primera persona por un niño, el lenguaje es sencillo y trata de imitar la forma de pensar de aquél, como si fuera un largo soliloquio o monólogo interior.*

# Después del almuerzo

Después del almuerzo yo hubiera querido quedarme en mi cuarto leyendo, pero papá y mamá vinieron casi en seguida a decirme que esa tarde tenía que llevarlo de paseo.

Lo primero que contesté fue que no, que lo llevara 5 otro, que por favor me dejaran estudiar en mi cuarto. Iba a decirles otras cosas, explicarles por qué no me gustaba tener que salir con él, pero papá dio un paso adelante y se puso a mirarme en esa forma que no puedo resistir, me clava los ojos y yo siento que se me 10 van entrando cada vez más hondo en la cara,[1] hasta que estoy a punto de gritar y tengo que darme vuelta y contestar que sí, que claro, en seguida. Mamá en esos casos no dice nada y no me mira, pero se queda un poco atrás con las dos manos juntas, y yo le veo el 15 pelo gris que le cae sobre la frente y tengo que darme vuelta y contestar que sí, que claro, en seguida. Entonces se fueron sin decir nada más y yo empecé a vestirme, con el único consuelo de que iba a estrenar unos zapatos amarillos que brillaban y brillaban. 20

Cuando salí de mi cuarto eran las dos, y tía Encarnación dijo que podía ir a buscarlo a la pieza del fondo,[2] donde siempre le gusta meterse por la tarde.

[1] se me van. . .en la cara: *they penetrate deeper and deeper into my face*
[2] la pieza del fondo: *the back room*

Tía Encarnación debía darse cuenta de que yo estaba desesperado por tener que salir con él, porque me pasó la mano por la cabeza y después se agachó y me dio un beso en la frente. Sentí que me ponía algo en
5 el bolsillo.

—Para que te compres alguna cosa —me dijo al oído—. Y no te olvides de darle un poco, es preferible.

Yo la besé en la mejilla, más contento, y pasé
10 delante de la puerta de la sala donde estaban papá y mamá jugando a las damas. Creo que les dije hasta luego, alguna cosa así, y después saqué el billete de cinco pesos para alisarlo bien y guardarlo en mi cartera donde ya había otro billete de un peso y
15 monedas.[3]

Lo encontré en un rincón del cuarto, lo agarré lo mejor que pude y salimos por el patio hasta la puerta que daba al jardín de adelante. Una o dos veces sentí la tentación de soltarlo, volver adentro y decirles a
20 papá y a mamá que él no quería venir conmigo, pero estaba seguro de que acabarían por[4] traerlo y obligarme a ir con él hasta la puerta de calle. Nunca me habían pedido que lo llevara al centro, era injusto que me lo pidieran porque sabían muy bien que la
25 única vez que me habían obligado a pasearlo por la vereda había ocurrido esa cosa horrible con el gato de los Álvarez. Me parecía estar viendo todavía la cara del vigilante hablando con papá en la puerta, y después papá sirviendo dos vasos de caña, y mamá
30 llorando en su cuarto. Era injusto que me lo pidieran.

Por la mañana había llovido y las veredas de

[3] monedas: *some change*
[4] acabarían por: *they would end up*

71

Buenos Aires están cada vez más rotas, apenas se puede andar sin meter los pies en algún charco. Yo hacía lo posible para cruzar por las partes más secas y no mojarme los zapatos nuevos, pero en seguida ví que a él le gustaba meterse en el agua, y tuve que 5 tironear con todas mis fuerzas para obligarlo a ir de mi lado. A pesar de eso consiguió acercarse a un sitio donde había una baldosa un poca más hundida que las otras, y cuando me di cuenta ya estaba completamente empapado y tenía hojas secas por todas partes. 10 Tuve que pararme, limpiarlo, y todo el tiempo sentía que los vecinos estaban mirando desde los jardines, sin decir nada pero mirando. No quiero mentir, en realidad no me importaba tanto que nos miraran (que lo miraran a él, y a mí que lo llevaba de paseo); lo 15 peor era estar ahí parado, con un pañuelo que se iba mojando y llenando de[5] manchas de barro y pedazos de hojas secas, y teniendo que sujetarlo al mismo tiempo para que no volviera a acercarse al charco. Además yo estoy acostumbrado a andar por las calles 20 con las manos en los bolsillos del pantalón, silbando o mascando chicle, o leyendo las historietas mientras con la parte de abajo de los ojos voy adivinando las baldosas de las veredas que conozco perfectamente desde mi casa hasta el tranvía, de modo que sé 25 cuándo paso delante de la casa de la Tita o cuándo voy a llegar a la esquina de Carabobo. Y ahora no podía hacer nada de eso, y el pañuelo me empezaba a mojar el forro del bolsillo[6] y sentía la humedad en la

---

[5] que se iba mojando y llenando de: *that was getting all wet and covered with*

[6] el pañuelo. . .bolsillo: *the handkerchief started to get the lining of my pocket wet*

pierna, era como para no creer en tanta mala suerte junta.[7]

A esa hora el tranvía viene bastante vacío, y yo rogaba que pudiéramos sentarnos en el mismo asien-
5 to, poniéndolo a él del lado de la ventanilla para que molestara menos. No es que se mueva demasiado, pero a la gente le molesta lo mismo[8] y yo comprendo. Por eso me afligí al subir, porque el tranvía estaba casi lleno y no había ningún asiento doble desocupa-
10 do. El viaje era demasiado largo para quedarnos en la plataforma, el guarda me hubiera mandado que me sentara y lo pusiera en alguna parte; así que lo hice entrar en seguida y lo llevé hasta un asiento del medio donde una señora ocupaba el lado de la ventanilla. Lo
15 mejor hubiera sido sentarme detrás de él para vigilarlo, pero el tranvía estaba lleno y tuve que seguir adelante y sentarme bastante más lejos. Los pasajeros no se fijaban mucho, a esa hora la gente va haciendo la digestión[9] y está medio dormida con los barquina-
20 zos del tranvía. Lo malo fue que el guarda se paró al lado del asiento donde yo lo había instalado, golpeando con una moneda en el fierro de la máquina de los boletos,[10] y yo tuve que darme vuelta y hacerle señas de que viniera a cobrarme a mí,[11] mostrándole la
25 plata para que comprendiera que tenía que darme dos boletos, pero el guarda era uno de esos chinazos que están viendo las cosas y no quieren entender, dale

---

[7] era como. . .junta: *it didn't seem possible that I could have so much bad luck all at the same time*
[8] a la gente le molesta lo mismo: *all the same it bothers people*
[9] va haciendo la digestión: *have just eaten*
[10] golpeando. . .boletos: *beating on the ticket machine with a coin*
[11] a cobrarme a mí: *to collect the fares from me*

con[12] la moneda golpeando contra la máquina. Me
tuve que levantar (y ahora dos o. tres pasajeros me
miraban) y acercarme al otro asiento. "Dos boletos",
le dije. Cortó uno, me miró un momento, y después
me alcanzó el boleto y miró para abajo, medio de 5
reojo.[13] "Dos, por favor", repetí, seguro de que todo
el tranvía ya estaba enterado. El chinazo cortó el otro
boleto y me lo dio, iba a decirme algo pero yo le
alcancé la plata justa[14] y me volví en dos trancos a
mi asiento, sin mirar para atrás. Lo peor era que a 10
cada momento tenía que darme vuelta para ver si
seguía quieto en el asiento de atrás, y con eso iba
llamando la atención de algunos pasajeros. Primero
decidí que sólo me daría vuelta al pasar cada esquina,
pero las cuadras me parecían terriblemente largas y a 15
cada momento tenía miedo de oír alguna exclama-
ción o un grito, como cuando[15] el gato de los
Álvarez. Entonces me puse a contar hasta diez, igual
que en las peleas,[16] y eso venía a ser más o menos
media cuadra. Al llegar a diez me daba vuelta 20
disimuladamente, por ejemplo arreglándome el cuello
de la camisa o metiendo la mano en el bolsillo del
saco, cualquier cosa que diera la impresión de un tic
nervioso o algo así.

Como a las ocho cuadras no sé por qué me pareció 25
que la señora que iba del lado de la ventanilla se iba a
bajar. Eso era lo peor, porque le iba a decir algo para
que la dejara pasar, y cuando él no se diera cuenta o

---

[12] dale con: *persists in*
[13] medio de reojo: *somewhat askance*
[14] yo le alcancé la plata justa: *I gave him the correct amount*
[15] como cuando: *as when we had that mess with*
[16] igual que en las peleas: *just as in fights*

no quisiera darse cuenta, a lo mejor la señora se enojaba y quería pasar a la fuerza, pero yo sabía lo que iba a ocurrir en ese caso y estaba con los nervios de punta,[17] de manera que empecé a mirar para atrás
5 antes de llegar a cada esquina, y en una de esas me pareció que la señora estaba ya a punto de levantarse, y hubiera jurado que le decía algo porque miraba de su lado y yo creo que movía la boca. Justo en ese momento una vieja gorda se levantó de uno de los
10 asientos cerca del mío y empezó a andar por el pasillo, y yo iba detrás queriendo empujarla, darle una patada en las piernas para que se apurara y me dejara llegar al asiento donde la señora había agarrado una canasta o algo que tenía en el suelo y ya se
15 levantaba para salir. Al final creo que la empujé, la oí que protestaba,[18] no sé cómo llegué al lado del asiento y conseguí sacarlo a tiempo para que la señora pudiera bajarse en la esquina. Entonces lo puse contra la ventanilla y me senté a su lado, tan feliz aunque
20 cuatro o cinco idiotas me estuvieran mirando desde los asientos de adelante y desde la plataforma donde a lo mejor el chinazo les había dicho alguna cosa.

Ya andábamos por el Once,[19] y afuera se veía un sol precioso y las calles estaban secas. A esa hora si yo
25 hubiera viajado solo me habría largado[20] del tranvía para seguir a pie hasta el centro, para mí no es nada ir a pie desde el Once a Plaza de Mayo, una vez que me tomé el tiempo le puse justo treinta y dos minutos,

---

[17] estaba con los nervios de punta: *my nerves were on edge*
[18] la oí que protestaba: *I heard her complain*
[19] por el Once: *a neighborhood in the outskirts of Buenos Aires*
[20] me habría largado: *I would have gotten off*

claro que corriendo de a ratos y sobre todo al final.[21] Pero ahora en cambio tenía que ocuparme de la ventanilla, porque un día alguien había contado que era capaz de abrir de golpe la ventanilla y tirarse afuera, nada más que por el gusto de hacerlo, como tantos otros gustos que nadie se explicaba. Una o dos veces me pareció que estaba a punto de levantar la ventanilla, y tuve que pasar el brazo por detrás y sujetarla por el marco. A lo mejor eran cosas mías, tampoco quiero asegurar que estuviera por[22] levantar la ventanilla y tirarse. Por ejemplo, cuando lo del inspector[23] me olvidé completamente del asunto y sin embargo no se tiró. El inspector era un tipo alto y flaco que apareció por la plataforma delantera y se puso a marcar los boletos con ese aire amable que tienen algunos inspectores. Cuando llegó a mi asiento le alcancé los dos boletos y él marcó uno, miró para abajo, después miró el otro boleto, lo fue a marcar y se quedó con el boleto metido en la ranura de la pinza, y todo el tiempo yo rogaba que lo marcara de una vez y me lo devolviera, me parecía que la gente del tranvía nos estaba mirando cada vez más. Al final lo marcó encogiéndose de hombros, me devolvió los dos boletos, y en la plataforma de atrás oí que alguien soltaba una carcajada,[24] pero naturalmente no quise darme vuelta, volví a pasar el brazo y sujeté la

---

[21] una vez que. . .al final: *once when I kept track of the time, it took exactly thirty-two minutes, of course running once in awhile and especially at the end*

[22] a lo mejor. . .estuviera por: *It's possible that it was just my imagination; I'm not sure either but that he was about to*

[23] cuando lo del inspector: *when the incident with the inspector occurred*

[24] soltaba una carcajada: *let out a laugh*

ventanilla, haciendo como que no veía más al inspector y a todos los otros. En Sarmiento y Libertad[25] se empezó a bajar la gente, y cuando llegamos a Florida ya no había casi nadie. Esperé
5 hasta San Martín y lo hice salir por la plataforma delantera, porque no quería pasar al lado del chinazo que a lo mejor me decía alguna cosa.

A mí me gusta mucho la Plaza de Mayo,[26] cuando me hablan del centro pienso en seguida en la Plaza de
10 Mayo. Me gusta por las palomas, por la Casa de Gobierno y porque trae tantos recuerdos de historia, de las bombas que cayeron cuando hubo revolución, y los caudillos que habían dicho que iban a atar sus caballos en la Pirámide.[27] Hay maniseros[28] y tipos
15 que venden cosas, en seguida se encuentra un banco vacío y si uno quiere puede seguir un poco más y al rato llega al puerto y ve los barcos y los guinches. Por eso pensé que lo mejor era llevarlo a la Plaza de Mayo, lejos de los autos y los colectivos, y sentarnos un rato
20 ahí hasta que fuera hora de ir volviendo a casa. Pero cuando bajamos del tranvía y empezamos a andar por San Martín sentí como un mareo,[29] de golpe me daba cuenta de que me había cansado terriblemente, casi una hora de viaje y todo el tiempo teniendo que
25 mirar hacia atrás, hacerme el que no veía que nos estaban mirando, y después el guarda con los boletos, y la señora que se iba a bajar, y el inspector. Me

---

[25] Sarmiento, Libertad, Florida, San Martín: *streets in downtown Buenos Aires*
[26] la Plaza de Mayo: *the central plaza in downtown Buenos Aires*
[27] la Pirámide: *the Obelisk on Avenida 9 de Julio*
[28] maniseros: *peanut vendors;* maní, manises: *peanuts*
[29] sentí como un mareo: *I felt dizzy*

hubiera gustado tanto poder entrar en una lechería y
pedir un helado o un vaso de leche, pero estaba
seguro de que no iba a poder, que me iba a arrepentir
si lo hacía entrar en un local cualquiera donde la
gente estaría sentada y tendría más tiempo para 5
mirarnos. En la calle la gente se cruza y cada uno
sigue viaje, sobre todo en San Martín que está lleno
de bancos y oficinas y todo el mundo anda apurado
con portafolios debajo del brazo. Así que seguimos
hasta la esquina de Cangallo, y entonces cuando 10
íbamos pasando delante de las vidrieras de Peuser que
estaban llenas de tinteros y cosas preciosas, sentí que
él no quería seguir, se hacía cada vez más pesado y
por más que yo tiraba (tratando de no llamar la
atención) casi no podía caminar y al final tuve que 15
pararme delante de la última vidriera, haciéndome el
que miraba los juegos de escritorio repujados en
cuero. A lo mejor estaba un poco cansado, a lo mejor
no era un capricho. Total, estar ahí parados no tenía
nada de malo, pero igual no me gustaba porque la 20
gente que pasaba tenía más tiempo para fijarse, y dos
o tres veces me di cuenta de que alguien le hacía
algún comentario a otro, o se pegaban con el codo
para llamarse la atención. Al final no pude más y lo
agarré otra vez, haciéndome el que caminaba con 25
naturalidad, pero cada paso me costaba como en esos
sueños en que uno tiene unos zapatos que pesan
toneladas y apenas puede despegarse del suelo. A la
larga conseguí que se le pasara el capricho de
quedarse ahí parado,[30] y seguimos por San Martín 30

[30] a la larga. . .ahí parado: *Finally I got him to give up the silly idea of
standing there*

hasta la esquina de la Plaza de Mayo. Ahora la cosa era cruzar, porque a él no le gusta cruzar una calle. Es capaz de abrir la ventanilla del tranvía y tirarse, pero no le gusta cruzar la calle. Lo malo es que para llegar
5 a la Plaza de Mayo hay que cruzar siempre alguna calle con mucho tráfico, en Cangallo y Bartolomé Mitre no había sido tan difícil pero ahora yo estaba a punto de renunciar,[31] me pesaba terriblemente en la mano, y dos veces que el tráfico se paró y los que
10 estaban a nuestro lado en el cordón de la vereda empezaron a cruzar la calle, me di cuenta de que no íbamos a poder llegar al otro lado porque se plantaría justo en la mitad, y entonces preferí seguir esperando hasta que se decidiera. Y claro, el del puesto de
15 revistas de la esquina ya estaba mirando cada vez más, y le decía algo a un pibe[32] de mi edad que hacía muecas y le contestaba qué sé yo, y los autos seguían pasando y se paraban y volvían a pasar, y nosotros ahí plantados. En una de esas se iba a acercar el
20 vigilante, eso era lo peor que nos podía suceder porque los vigilantes son muy buenos y por eso meten la pata,[33] se ponen a hacer preguntas, averiguan si uno anda perdido, y de golpe a él le puede dar uno de sus caprichos y yo no sé en lo que termina la cosa.
25 Cuanto más pensaba más me afligía, y al final tuve miedo de veras, casi como ganas de vomitar, lo juro, y en un momento en que paró el tráfico lo agarré bien y cerré los ojos y tiré para adelante doblándome casi en dos, y cuando estuvimos en la

---

[31] a punto de renunciar: *ready to give up*
[32] pibe: *kid*
[33] meten la pata: *put their foot in their mouth*

Plaza lo solté, seguí dando unos pasos solo, y después volví para atrás y hubiera querido que se muriera, que ya estuviera muerto, o que papá y mamá estuvieran muertos, y yo también al fin y al cabo, que todos estuvieran muertos y enterrados menos tía Encarna- 5 ción.

Pero esas cosas se pasan en seguida, vimos que había un banco muy lindo completamente vacío, y yo lo sujeté sin tironerarlo y fuimos a ponernos en ese banco y a mirar las palomas que por suerte no se 10 dejan agarrar[34] como los gatos. Compré manises y caramelos, le fui dando de las dos cosas y estábamos bastante bien con ese sol que hay por la tarde en la Plaza de Mayo y la gente que va de un lado a otro. Yo no sé en qué momento me vino la idea de abandonar- 15 lo ahí, lo único que me acuerdo es que estaba pelándole un maní y pensando al mismo tiempo que si me hacía el que iba a tirarles algo a las palomas que andaban más lejos, sería facilísimo dar la vuelta a la pirámide y perderlo de vista. Me parece que en ese 20 momento no pensaba en volver a casa ni en la cara de papá y mamá, porque si lo habiera pensado no habría hecho esa pavada.[35] Debe ser muy difícil abarcar todo al mismo tiempo como hacen los sabios y los historiadores, yo pensé solamente que lo podía 25 abandonar ahí y andar solo por el centro con las manos en los bolsillos, y comprarme una revista o entrar a tomar un helado en alguna parte antes de volver a casa. Le seguí dando manises un rato pero ya estaba decidido, y en una de esas[36] me hice el que me 30

---

[34] no se dejan agarrar: *don't let themselves be grabbed*
[35] esa pavada: *that stupid thing*
[36] en una de esas: *one of these times*

levantaba para estirar las piernas y vi que no le importaba si seguía a su lado o me iba a darle manises a las palomas. Les empecé a tirar lo que me quedaba, y las palomas me andaban por todos lados, hasta que
5 se me acabó el maní y se cansaron. Desde la otra punta de la plaza apenas se veía el banco; fue cosa de un momento cruzar a la Casa Rosada[37] donde siempre hay dos granaderos de guardia, y por el costado me largué hasta el Paseo Colón,[38] esa calle
10 donde mamá dice que no deben ir los niños solos. Ya por costumbre me daba vuelta a cada momento, pero era imposible que me siguiera, lo más que podría estar haciendo sería revolcarse alrededor del banco hasta que se acercara alguna señora de la beneficencia o
15 algún vigilante.

No me acuerdo muy bien de lo que pasó en ese rato en que yo andaba por el Paseo Colón, que es una avenida como cualquier otra. En una de esas yo estaba sentado en una vidriera baja de una casa de
20 importaciones y exportaciones, y entonces me empezó a doler el estómago, no como cuando uno tiene que ir en seguida al baño, era más arriba, en el estómago verdadero, como si me retorciera poco a poco, y yo quería respirar y me costaba, entonces
25 tenía que quedarme quieto y esperar que se pasara el calambre, y delante de mí se veía como una mancha verde y puntitos que bailaban, y la cara de papá, al final era solamente la cara de papá porque yo había cerrado los ojos, me parece, y en medio de la mancha

---

[37] la Casa Rosada: *the President's office building in Buenos Aires, known as the Pink House*
[38] el Paseo Colón: *Buenos Aires street known for its theaters and night clubs*

verde estaba la cara de papá. Al rato pude respirar
mejor, y unos muchachos me miraron un momento y
uno le dijo al otro que yo estaba descompuesto, pero
yo moví la cabeza y dije que no era nada, que siempre
me daban calambres pero se me pasaban en seguida.  5
Uno dijo que si yo quería que fuera a buscar un vaso
de agua, y el otro me aconsejó que me secara la frente
porque estaba sudando. Yo me sonreí y dije que ya
estaba bien, y me puse a caminar para que se fueran y
me dejaran solo. Era cierto que estaba sudando 10
porque me caía el agua por las cejas y una gota salada
me entró en un ojo, y entonces saqué el pañuelo y me
lo pasé por la cara, y sentí un arañazo en el labio, y
cuando miré era una hoja seca pegada en el pañuelo
que me había arañado la boca.  15

No sé cuánto tardé en llegar otra vez a la Plaza de
Mayo. A la mitad de la subida me caí pero volví a
levantarme antes que nadie se diera cuenta, y crucé a
la carrera entre todos los autos que pasaban por
delante de la Casa Rosada. Desde lejos vi que no se 20
había movido del banco, pero seguí corriendo y
corriendo hasta llegar al banco, y me tiré como
muerto mientras las palomas salían volando asustadas
y la gente se daba vuelta con ese aire que toman para
mirar a los chicos que corren, como si fuera un 25
pecado. Después de un rato lo limpié un poco y dije
que teníamos que volver a casa. Lo dije para oírme yo
mismo y sentirme todavía más contento, porque con
él lo único que servía era agarrarlo bien y llevarlo, las
palabras no las escuchaba o se hacía el que no las 30
escuchaba. Por suerte esta vez no se encaprichó al
cruzar las calles, y el tranvía estaba casi vacío al
comienzo del recorrido, así que lo puse en el primer

asiento y me senté al lado y no me di vuelta ni una
sola vez en todo el viaje, ni siquiera al bajarnos. La
última cuadra la hicimos muy despacio, él queriendo
meterse en los charcos y yo luchando para que pasara
5 por las baldosas secas. Pero no me importaba, no me
importaba nada. Pensaba todo el tiempo: "Lo abandoné", lo miraba y pensaba: "Lo abandoné", y
aunque no me había olvidado del Paseo Colón me
sentía tan bien, casi orgulloso. A lo mejor otra vez...
10 No era fácil, pero a lo mejor... Quién sabe con qué
ojos me mirarían papá y mamá cuando me vieran
llegar con él de la mamo. Claro que estarían contentos de que yo lo hubiera llevado a pasear al centro, los
padres siempre están contentos de esas cosas; pero no
15 sé por qué en ese momento se me daba por pensar
que también a veces papá y mamá sacaban el pañuelo
para secarse, y que también en el pañuelo había una
hoja seca que les lastimaba la cara.


## CUESTIONARIO

1. ¿Qué quería hacer el muchacho esa tarde?
2. ¿Qué querían papá y mamá que hiciera?
3. ¿Cuál fue la primera respuesta del muchacho?
4. ¿Por qué tuvo que darse vuelta?
5. ¿Cuántos años tendría el muchacho? ¿Por qué?
6. ¿Por qué le dio un beso tía Encarnación?
7. ¿Cómo era el otro? ¿Qué descripción puede dar Ud. de
   él? ¿Cómo forma Ud. su idea de él?
8. Describa el primer incidente fuera de casa.

9. ¿Qué problema ocurrió cuando subieron al tranvía?

10. ¿Qué imaginó el muchacho en cuanto a las reacciones de la gente en el tranvía? ¿Eran cosas suyas o cree Ud. que los muchachos llamaron mucho la atención?

11. ¿Cómo haría el viaje el muchacho si no tuviera el otro con él?

12. ¿Cómo era la Plaza de Mayo?

13. ¿Por qué no entró en una lechería?

14. ¿Por qué se pararon delante de una vidriera?

15. ¿Por qué fue tan difícil cruzar la calle?

16. ¿Por qué hubiera querido el muchacho que se murieran todos menos tía Encarnación?

17. ¿Cómo pasaron el tiempo en el banco?

18. ¿Por qué menciona los sabios y los historiadores? ¿Qué comparación quiere el autor que haga el lector?

19. ¿Con qué excusa se larga el muchacho del banco?

20. ¿Cuándo verdaderamente llamó la atención el muchacho por primera vez esa tarde? ¿Por qué es irónico?

21. ¿Qué ocurrió cuando el muchacho pasó el pañuelo por la cara?

22. Describa la escena cuando el muchacho regresó al banco.

23. Según el muchacho, ¿cuál sería la reacción de los padres cuando llegaran a casa?

24. ¿Qué otra idea tenía el muchacho?


## PARA DISCUTIR Y ESCRIBIR

1. Escriba Ud. un párrafo describiendo esa tarde desde un punto de vista más objetivo.

2. ¿Por qué nos contó el autor este cuento en primera persona? ¿Cómo habría sido distinto desde otro punto de vista?

3. ¿Cómo hace el autor que la imaginación del lector tenga que participar en este cuento?

4. El autor ha creado una cárcel para el muchacho aquí. ¿Cómo trata el muchacho de escapar? ¿Por qué no puede?

5. ¿Cómo reacciona Ud. al cuento del muchacho? ¿Siente Ud. compasión por algún personaje en este cuento? ¿Por qué?

# 8

# Octavio
# Paz

# OCTAVIO PAZ

MÉXICO, 1914-

Paz, escritor y poeta mexicano, aparece como una de las figuras más importantes de la literatura hispanoamericana contemporánea. Nació en la ciudad de México y allí hizo todos sus estudios, obteniendo su doctorado de la Universidad Nacional de su país. Por medio de una beca Guggenheim (1943), estudió por un año, poesía hispanoamericana en los Estados Unidos de América. Después ingresó al cuerpo diplomático de México y, por lo tanto, vivió en París, Suiza, New York, India.

La vasta producción literaria de Paz incluye poesía, ensayo, teatro y cuentos poemáticos. Su poesía representa una prolongación del superrealismo, tanto por su estructura hermética como por su contenido existencialista. Entre sus principales libros de versos tenemos: Raíz del hombre (1937), Libertad bajo palabra (1949), Semillas para un himno (1954), La estación violenta (1958), Salamandra (1962), y Viento entero (1965). Sus temas constantes son: la soledad, el tiempo, el amor, la poesía, la nada, la naturaleza, el silencio, y la enajenación del hombre contemporáneo.

Paz se destaca mayormente como ensayista. Sus ensayos reflejan su amplia cultura, su impecable estilo en el uso del lenguaje, su capacidad analítica y en general, representan la reiteración de los temas

*básicos de su poesía, principalmente la soledad y la
búsqueda en el interior del ser. Entre sus ensayos
deben mencionarse:* El laberinto de la soledad *(1950),
traducido al inglés, que es un estudio profundo y
subjetivo del carácter mexicano a través de su
historia, sicología y manifestaciones culturales.
Representa una aguda búsqueda de la esencia de lo
mexicano. Su segundo ensayo más importante es* El
arco y la lira *(1956) y consiste en el estudio profundo
y comprensivo de casi todas sus ideas cardinales sobre
la poesía y filosofía ideológica personal. En* Los
signos de rotación *(1965) se vislumbra su penetración
crítica y su habilidad expresiva. La obra consiste en
una especie de manifiesto poético en el cual trata de
situar a la poesía en el mundo actual. Otro libro
importante es* Corriente alterna *(1967), ensayo que
consta de tres partes y que contiene una gran variedad
de temas. Son como reflexiones personales sobre el
mundo actual, con el propósito de definir lo que es
contemporáneo.*

*La selección que presentamos, "El cine filósofico
de Buñuel" pertenece a los ensayos críticos de*
Corriente alterna, *libro que acabamos de mencionar.
Aunque breve, este trabajo ofrece algunas características de Paz como ensayista: agudeza, originalidad y
poder de expresión. El ensayo de Paz no es una reseña
de una de las películas de Luis Buñuel —el famoso
director cinematográfico español— sino que es un
estudio filosófico sobre el concepto del "séptimo
arte". Con este fin, compara y analiza el tema central
de la película "Nazarín" de Buñuel con la novela de
igual título de Benito Pérez Galdós (1843-1920),
escritor español.*

# El cine filosófico
# de Buñuel

Hace algunos años escribí unas páginas sobre Luis Buñuel.[1] Las reproduzco: «Aunque todas las artes, sin excluir a las más abstractas, tienen por fin último y general la expresión y recreación del hombre y sus conflictos, cada una de ellas posee medios e instru- 5 mentos particulares de encantamiento, y así constituye un dominio propio. Una cosa es la música, otra la poesía, otra más el cine. Pero a veces un artista logra traspasar los límites de su arte; nos enfrentamos entonces a una obra que encuentra sus equivalentes 10 más allá de su mundo.[2] Algunas de las películas de Luis Buñuel —*La edad de oro, Los olvidados*— sin dejar de ser cine nos acercan a otras comarcas del espíritu: ciertos grabados de Goya,[3] algún poema de

---

[1] Luis Buñuel (1900-     ): *most successful Spanish film director, who has made many beautiful and controversial films.*

[2] más allá de su mundo: *outside its own sphere*

[3] Francisco José de Goya y Lucientes (1746-1828): *Spanish painter and etcher considered by many to be the greatest artist Spain has ever produced. His work includes some of the most penetrating and powerful social criticism in all art. Buñuel's films are often reminiscent of Goya.*

Quevedo o Péret, un pasaje de Sade,[4] un esperpento de Valle-Inclán,[5] una página de Gómez de la Serna...[6] Estas películas pueden ser gustadas y juzgadas como cine y asimismo como algo perteneciente al
5 universo más ancho y libre de esas obras, preciosas entre todas, que tienen por objeto tanto revelarnos la realidad humana como mostrarnos una vía para sobrepasarla. A pesar de los obstáculos que opone a semejantes empresas el mundo actual, la tentativa de
10 Buñuel se despliega bajo el doble arco de la belleza y de la rebeldía.

«En *Nazarín,* con un estilo que huye de toda complacencia y que rechaza todo lirismo sospechoso, Buñuel nos cuenta la historia de un cura quijotesco,[7]
15 al que su concepción del cristianismo no tarda en oponerlo a la Iglesia, la sociedad y la policía. Nazarín pertenece, como muchos de los personajes de Pérez Galdós,[8] a la gran tradición de los locos españoles. Su

[4] Comte de Sade or Marquis de Sade (1740-1814): *French writer who gave us the word sadism. His most famous doctrine is that since sexual deviation and criminal acts exist in nature, they are natural.*

[5] Ramón del Valle-Inclán (1866?-1936): *Spanish writer who was the most bizarre member of the "generación del 98". His "esperpentos" were looks at the uglier, more grotesque side of life.*

[6] Ramón Gómez de la Serna (1888?-1963): *Spanish writer famous for "greguerías" which are surrealist metaphors, strange, humourous and poetic at the same time. For example:* Me gusta el barómetro porque es un reloj que no suena. ¡Hasta señala las tempestades silenciosamente!

[7] quijotesco: *like don Quijote, the most famous character in all Spanish literature found in the novel* Aventuras del ingenioso hidalgo Don Quijote de la Mancha *by Miguel de Cervantes Saavedra (1547-1616). Don Quijote's madness was his belief in knight errantry.*

[8] Benito Pérez Galdós (1843-1920): *one of the greatest of Spanish novelists. His characters are drawn from all classes of Spanish society. His picture of the Spain of his day is as valuable to Spanish literature as that of Charles Dickens for English literature. Nazarín is one of his novels dealing with the lowest class of Madrid's society.*

locura consiste en tomar en serio al cristianismo y en tratar de vivir conforme a sus Evangelios.[9] Es un loco que se niega a admitir que la realidad sea lo que llamamos realidad y no una atroz caricatura de la verdadera realidad. Como Don Quijote, que veía a Dulcinea en una labriega, Nazarín adivina en los rasgos monstruosos de la prostituta Andra y del jorobado Ujo la imagen desvalida de los hombres caídos; y en el delirio erótico de una histérica, Beatriz, percibe el rostro desfigurado del amor divino. En el curso de la película —en la que abundan ahora con furor más concentrado y por eso mismo más explosivo, escenas del mejor y más terrible Buñuel— asistimos a la *curación* del loco, es decir, a su tortura. Todos lo rechazan: los poderosos y satisfechos porque lo consideran un ser incómodo y, al final, peligroso; las víctimas y los perseguidos porque necesitan otro y más efectivo género de consuelo. El equívoco, y no sólo los poderes constituidos, lo persigue. Si pide limosna, es un ser improductivo; si busca trabajo, rompe la solidaridad de los asalariados. Aun los sentimientos de las mujeres que lo siguen, reencarnaciones de María Magdalena, resultan al fin ambiguos. En la cárcel, a la que lo han llevado sus buenas obras, recibe la revelación última: tanto su 'bondad' como la 'maldad' de uno de sus compañeros de pena, asesino y ladrón de iglesias, son igualmente inútiles en un mundo que venera como valor supremo a la eficacia.

«Fiel a la tradición del loco español, de Cervantes a Galdós, la película de Buñuel nos cuenta la historia de

[9] Evangelios: *Gospels*

una desilusión. Para Don Quijote la ilusión era el
espíritu caballeresco; para Nazarín, el cristianismo.
Peró hay algo más. A medida que la imagen de Cristo
palidece en la conciencia de Nazarín, comienza a
5 surgir otra: la del hombre.[10]  Buñuel nos hace asistir,
a través de una serie de episodios ejemplares, en el
buen sentido de la palabra, a un doble proceso: el
desvanecimiento de la ilusión de la divinidad y el
descubrimiento de la realidad del hombre. Lo sobre-
10 natural cede el sitio a lo maravilloso: la naturaleza
humana y sus poderes. Esta revelación encarna en dos
momentos inolvidables: cuando Nazarín ofrece los
*consuelos del más allá* a la moribunda enamorada y
ésta responde, asida a la imagen de su amante, con
15 una frase realmente estremecedora: *cielo no, Juan sí;*
y al final, cuando Nazarín rechaza la limosna de una
pobre mujer para, tras un momento de duda, aceptar-
la —no ya como dádiva sino como un signo de
fraternidad. El solitario Nazarín ha dejado de estar
20 solo: ha perdido a Dios pero ha encontrado a los
hombres.»

Este pequeño texto apareció en un folleto de
presentación de *Nazarín* en el Festival Cinematográfico de Cannes. Se temía, no sin razón, que
25 surgiese algún equívoco sobre el sentido de la
película, que no sólo es una crítca de la realidad
social sino de la religión cristiana. El riesgo de
confusión, común a todas las obras de arte, era mayor
en este caso por el carácter de la novela que inspiró a
30 Buñuel. El tema de Pérez Galdós es la vieja oposición

---

[10] a medida que. . .del hombre: *As the image of Christ pales in Nazarín's
conscience, another begins to develop: that of man.*

entre el cristianismo evangélico y sus deformaciones eclesiásticas e históricas. El héroe del libro es un cura rebelde e iluminado, un verdadero protestante:[11] abandona la Iglesia pero se queda con Dios. La película de Buñuel se propone mostrar lo contrario: 5 la desaparición de la figura de Cristo en la conciencia de un creyente sincero y puro. En la escena de la muchacha agonizante, que es una trasposición del *Diálogo entre un sacerdote y un moribundo* de Sade, la mujer afirma el valor precioso e irrecuperable del 10 amor terrestre: si hay cielo, está aquí y ahora, en el instante del abrazo carnal, no en un más allá sin horas y sin cuerpos. En la escena de la prisión, el bandido sacrílego aparece como un hombre no menos absurdo que el cura iluminado. Los crímenes del primero son 15 tan ilusorios como la santidad del segundo: si no hay Dios, tampoco hay sacrilegio ni salvación.

*Nazarín* no es la mejor película de Buñuel pero es típica de la dualidad que rige su obra. Por una parte, ferocidad y lirismo, mundo del sueño y la sangre que 20 evoca inmediatamente a otros dos grandes españoles: Quevedo y Goya. Por otra, la concentración de un estilo nada barroco que lo lleva a una suerte de sobriedad exasperada. La línea recta, no el arabesco surrealista.[. . .] 25

---

[11] protestante: *he is playing with the double meaning of this word: it is one who is a Christian, but not a member of the Catholic Church, but more basically, one who protests against anything.*

## CUESTIONARIO

1. Según Paz, ¿cuál es el fin último de las artes?
2. Dé unos ejemplos de artistas que han logrado traspasar los límites de su arte.
3. ¿Por qué dice Paz que éstos han traspasado los límites de su arte?
4. ¿Es romántica la película *Nazarín*? Defienda su respuesta.
5. ¿Por qué compara Paz a don Quijote con Nazarín?
6. En la película, ¿qué es la *curación* del cura? ¿Cómo lo hacen?
7. ¿De qué manera son inútiles Nazarín y el asesino?
8. ¿Qué pasa al cristianismo de Nazarín?
9. Dé un ejemplo de este cambio en la película.
10. ¿Por qué acepta al fin la limosna de la pobre mujer?
11. ¿Cómo era el Nazarín de la novela de Pérez Galdós?
12. ¿De qué manera importante se diferencia el Nazarín de Buñuel?
13. Según la mujer agonizante, ¿dónde está el cielo? ¿Por qué rechaza el cielo tradicional?
14. ¿Por qué son absurdos el bandido y Nazarín?
15. ¿Cuál es la dualidad que encuentra Paz en la obra de Buñuel?

## PARA DISCUTIR Y ESCRIBIR

1. Explique el concepto de la bondad y la maldad en la película *Nazarín*.
2. ¿Qué aprende Nazarín en sus aventuras?

3. ¿Qué valor tiene la religión según Buñuel? Explique un poco la filosofía de Buñuel empleando lo que Paz ha escrito sobre la película *Nararín*.

4. Paz dice que la obra de Buñuel es cine excelente pero que traspasa este arte para ser más universal. Piense Ud. en películas que le han gustado: ¿es verdad lo que ha dicho Paz o tiene Ud. otra teoría?

# 9

## Juan José Arreola

# JUAN JOSÉ ARREOLA

MÉXICO, 1918-

Arreola aparece hoy en día como uno de los
valores más prometedores y avanzados entre los
prosistas mexicanos. Nació en el estado de Jalisco y
era hijo de padres de origen campesino. Su infancia
transcurrió en la época de la Revolución Cristera (una
facción de católicos conservadores y devotos insatis-
fechos con el triunfo de la Revolución Mexicana), de
manera que su educación primaria fue muy irregular.
Arreola es un verdadero autodidacta porque toda su
cultura, que es muy amplia, la ha adquirido por
medio de lecturas. Su interés por el teatro lo llevó a la
capital mexicana donde produjo varias farsas teatra-
les. En 1945, por medio de la invitación del actor
francés, Louis Jouvet, visitó París donde tuvo muy
poco éxito. En 1950, recibió una beca Rockefeller en
"creative writing."

Casi toda su obra se inscribe dentro de las variantes
del expresionismo: entre el "realismo mágico" y la
literatura fantástica y del absurdo. Su estilo refleja la
influencia de Kafka y de los demás maestros del
expresionismo y del absurdo. En su obra encontramos
cuentos, teatro y prosa poemática. Lo mismo cultiva
el cuento largo que el mini-cuento, el cuento-ensayo,
así como pequeñas composiciones en prosa que a
veces constan de un solo párrafo e inclusive de una

*sola oración, (como si fueran aforismos o pensa-
mientos). En toda su obra se nota una honda angustia
existencial que a veces disfraza con la nota irónica,
crítica o humorística, que son las características
inseparables de su estilo. Sus primeros cuentos apare-
cieron en revistas de Guadalajara y de la ciudad de
México. En 1952 se publicó* Confabulario, *su libro
fundamental, con cuentos tan famosos como "En
verdad es digo", "El rinoceronte", "La migala", "El
guardagujas", "Pueblerina", etc., que se caracterizan
por su humor irónico y satírico. En su* Bestiario
*(1957) presenta estudios de toda una galería de
animales con un trasfondo filosófico. Arreola escribió
también una farsa teatral,* La hora de todos *(1954),
en la que satiriza la vida de un ricachón de pueblo.* La
feria *(1963) representa su única novela hasta hoy y
cuyos temas son las miserias y los matices socio-
lógicos de gente provinciana: mente estrecha, confor-
mismo, rutina.*

*Básicamente, Arreola no se complace en la crea-
ción de ambientes o personajes raros, que son típicos
de la literatura fantástica y del absurdo, sino que con
mucha sutileza e ironía se burla de las instituciones e
ideas que todavía perduran en el hombre moderno.
Su prosa se caracteriza por su ritmo, la fluidez en el
uso del lenguaje y por el poder de sugerencia.*

*Ningún cuento de Arreola es tan conocido y
popular como "El guardagujas". Mediante la creación
de una situación absurda y casi fantasmagórica, y la
aparente crítica al sistema ferroviario de su país,
Arreola se burla y satiriza las irregularidades de las
instituciones sociales. El tema central del cuento es el*

engaño: de la misma manera que la entidad ferroviaria engaña al viajero, igualmente, los dirigentes de la sociedad, lo hacen con el ciudadano. Para Arreola, la realidad es engañosa, o al menos tiene más aristas que las que aparenta. Esto no debe conducir a la desilusión, sino a aceptar la realidad tal como es.

# El guardagujas

El forastero llegó sin aliento a la estación desierta.
Su gran valija, que nadie quiso conducir, le había
fatigado en extremo. Se enjugó el rostro con un
pañuelo, y con la mano en visera[1] miró los rieles que
5  se perdían en el horizonte. Desalentado y pensativo
consultó su reloj: la hora justa en que el tren debía
partir.

Alguien, salido de quién sabe dónde, le dio una
palmada muy suave. Al volverse, el forastero se halló
10 ante un viejecillo de vago aspecto ferrocarrilero.[2]
Llevaba en la mano una linterna roja, pero tan
pequeña, que parecía de juguete. Miró sonriendo al
viajero, y éste le dijo ansioso su pregunta:

—Usted perdone, ¿ha salido ya el tren?

15  —¿Lleva usted poco tiempo en este país?[3]

—Necesito salir inmediatamente. Debo hallarme en
T. mañana mismo.[4]

—Se ve que usted ignora por completo lo que
ocurre. Lo que debe hacer ahora mismo es buscar
20 alojamiento en la fonda para viajeros—. Y señaló un

---

[1] en visera: *shading his eyes*
[2] de vago aspecto ferrocarrilero: *looking vaguely like a railroadman*
[3] lleva. . .este país? : *haven't you been in this country long?*
[4] debo. . .mismo: *I'm supposed to be in T. by tomorrow*

extraño edificio ceniciento que más bien parecía[5] un presidio.

—Pero yo no quiero alojarme, sino salir en el tren.

—Alquile usted un cuarto inmediatamente, si es que lo hay. En caso de que pueda conseguirlo, 5 contrátelo por mes, le resultará más barato y recibirá mejor atención.

—¿Está usted loco? Yo debo llegar a T. mañana mismo.

—Francamente, debería abandonarlo a su suerte. 10 Sin embargo, le daré unos informes.

—Por favor. . .

—Este país es famoso por sus ferrocarriles, como usted sabe. Hasta ahora[6] no ha sido posible organizarlos debidamente, pero se han hecho ya grandes cosas 15 en lo que se refiere[7] a la publicación de itinerarios y a la expedición de boletos. Las guías ferroviarias comprenden y enlazan todas las poblaciones de la nación; se expenden boletos hasta para las aldeas más pequeñas y remotas. Falta solamente que los con- 20 voyes cumplan[8] las indicaciones contenidas en las guías y que pasen efectivamente por las estaciones. Los habitantes del país así lo esperan; mientras tanto, aceptan las irregularidades del servicio y su patriotismo les impide cualquier manifestación de desagrado. 25

—Pero ¿hay un tren que pase por esta ciudad?

—Afirmarlo equivaldría a cometer una inexactitud. Como usted puede darse cuenta, los rieles existen, aunque un tanto averiados. En algunas poblaciones

---

[5] más bien parecía: *looked more like*
[6] Hasta ahora: *up to now*
[7] se han. . .refiere a: *they have made great strides in*
[8] que los convoyes cumplan: *for the trains to follow*

están sencillamente indicados en el suelo, mediante dos rayas de gis.[9] Dadas las condiciones actuales, ningún tren tiene la obligación de pasar por aquí, pero nada impide que eso pueda suceder. Yo he visto 5 pasar muchos trenes en mi vida y conocí algunos viajeros que pudieron abordarlos. Si usted espera convenientemente, tal vez yo mismo tenga el honor de ayudarle a subir a un hermoso y confortable vagón.

10 —¿Me llevará ese tren a T.?

—¿Y por qué se empeña usted en que ha de ser precisamente a T.? Debería darse por satisfecho[10] si pudiera abordarlo. Una vez en el tren, su vida tomará efectivamente algún rumbo. ¿Qué importa si ese 15 rumbo no es el de T.?

—Es que yo tengo un boleto en regla[11] para ir a T. Lógicamente, debo ser conducido a ese lugar, ¿no es así?

—Cualquiera diría que usted tiene razón. En la 20 fonda para viajeros podrá usted hablar con personas que han tomado sus precauciones, adquiriendo grandes cantidades de boletos. Por regla general, las gentes previsoras compran pasajes para todos los puntos del país. Hay quien[12] ha gastado en boletos 25 una verdadera fortuna. . .

Yo creí que para ir a T. me bastaba un boleto. Mírelo usted. . .

—El próximo tramo de los ferrocarriles nacionales va a ser construido con el dinero de una sola persona

[9] rayas de gis: *chalk marks*
[10] Debería darse por satisfecho: *you should be satisfied*
[11] en regla: *in order*
[12] Hay quien: *there are those who*

que acaba de gastar su inmenso capital en pasajes de
ida y vuelta para un trayecto ferroviario cuyos planos,
que incluyen extensos túneles y puentes, ni siquiera
han sido aprobados por los ingenieros de la empresa.

—Pero el tren que pasa por T. ¿ya se encuentra en   5
servicio?

—Y no sólo ése. En realidad, hay muchísimos
trenes en la nación, y los viajeros pueden utilizarlos
con relativa frecuencia, pero tomando en cuenta que
no se trata de un servicio formal y definitivo.[13] En  10
otras palabras, al subir a un tren, nadie espera ser
conducido al sitio que desea.

—¿Cómo es eso?

—En su afán de servir a los ciudadanos, la empresa
se ve en el caso de tomar medidas desesperadas.[14]  15
Hace circular trenes por lugares intransitables. Esos
convoyes expedicionarios emplean a veces varios años
en su trayecto, y la vida de los viajeros sufre algunas
transformaciones importantes. Los fallecimientos no
son raros en tales casos, pero la empresa, que todo lo  20
ha previsto,[15] añade a esos trenes un vagón capilla
ardiente y un vagón cementerio. Es razón de orgullo[16] para los conductores depositar el cadáver de
un viajero —lujosamente embalsamado —en los
andenes de la estación que prescribe su boleto. En  25
ocasiones, estos trenes forzados recorren trayectos en
que falta uno de los rieles. Todo un lado de los
vagones se estremece lamentablemente con los golpes

---

[13] un servicio formal y definitivo: *a service that you can depend on*
[14] la empresa. . .desesperadas: *the company is forced to take desperate
    measures*
[15] que todo lo ha previsto: *who has thought of everything*
[16] es razón de orgullo: *it's a matter of pride*

que dan las ruedas sobre los durmientes. Los viajeros de primera —es otra de las previsiones de la empresa —se colocan del lado en que hay riel. Los de segunda padecen los golpes con resignación. Pero hay otros
5 tramos en que faltan ambos rieles; allí los viajeros sufren por igual, hasta que el tren queda totalmente destruido.

—¡Santo Dios!

—Mire usted: la aldea de F. surgió a causa de uno
10 de esos accidentes. El tren fue a dar en un terreno impracticable.[17] Lijadas por la arena, las ruedas se gastaron hasta los ejes. Los viajeros pasaron tanto tiempo juntos, que de las obligadas conversaciones triviales surgieron amistades estrechas. Algunas de
15 esas amistades se transformaron pronto en idilios, y el resultado ha sido F., una aldea progresista llena de niños traviesos que juegan con los vestigios enmohecidos del tren.

—¡Dios mío, yo no estoy hecho para tales aven-
20 turas!

—Necesita usted ir templando su ánimo;[18] tal vez llegue usted a convertirse en un héroe. No crea que faltan ocasiones para que los viajeros demuestren su valor y sus capacidades de sacrificio. En una ocasión,
25 doscientos pasajeros anónimos escribieron una de las páginas más gloriosas en nuestros anales ferroviarios. Sucede que en un viaje de prueba,[19] el maquinista advirtió a tiempo una grave omisión de los constructores de la línea. En la ruta faltaba un puente que

[17] fue. . .impracticable: *found itself in rough impassable terrain*
[18] ir templando su ánimo: *be brave*
[19] viaje de prueba: *test run*

debía salvar un abismo.[20] Pues bien, el maquinista,
en vez de poner marcha hacia atrás, arengó a los
pasajeros y obtuvo de ellos el esfuerzo necesario para
seguir adelante. Bajo su enérgica dirección el tren fue
desarmado pieza por pieza y conducido en hombros 5
al otro lado del abismo, que todavía reservaba la
sorpresa de contener en su fondo un río caudaloso. El
resultado de la hazaña fue tan satisfactorio que la
empresa renunció definitivamente a la construcción
del puente, conformándose con hacer un atractivo 10
descuento en las tarifas de los pasajeros que se atrevan
a afrontar esa molestia suplementaria.

— ¡Pero yo debo llegar a T. mañana mismo!

— ¡Muy bien! Me gusta que no abandone usted su
proyecto. Se ve que es usted un hombre de convic- 15
ciones. Alójese por de pronto[21] en la fonda y tome el
primer tren que pase. Trate de hacerlo cuando menos;
mil personas estarán para impedírselo.[22] Al llegar un
convoy, los viajeros, exasperados por una espera
demasiado larga, salen de la fonda en tumulto para 20
invadir ruidosamente la estación. Frecuentemente
provocan accidentes con su increíble falta de cortesía
y de prudencia. En vez de subir ordenadamente se
dedican a aplastarse unos a otros; por la menos, se
impiden mutuamente el abordaje, y el tren se va 25
dejándolos amotinados en los andenes de la estación.
Los viajeros, agotados y furiosos, maldicen su falta de
educación, y pasan mucho tiempo insultándose y
dándose de golpes.

[20] salvar un abismo: *span an abyss*
[21] Alójese por de pronto: *get a room for now*
[22] Trate. . .impedírselo: *at least try to do it a thousand people will be
ready to keep you from doing it*

—¿Y la policía no interviene?

—Se ha intentado organizar un cuerpo de policía en cada estación, pero la imprevisible llegada de los trenes hacía tal servicio inútil y sumamente costoso. 5 Además, los miembros de ese cuerpo demostraron muy pronto su venalidad, dedicándose a proteger la salida exclusiva de pasajeros adinerados que les daban a cambio de ese servicio todo lo que llevaban encima. Se resolvió entonces el establecimiento de un tipo 10 especial de escuelas, donde los futuros viajeros reciben lecciones de urbanidad y un entrenamiento adecuado, que los capacita para que puedan pasar su vida en los trenes. Allí se les enseña la manera correcta de abordar un convoy, aunque esté en 15 movimiento y a gran velocidad. También se les proporciona una especie de armadura para evitar que los demás pasajeros les rompan las costillas.

—Pero una vez en el tran, ¿está uno a cubierto de nuevas dificultades?

20 —Relativamente. Sólo le recomiendo que se fije muy bien en las estaciones. Podría darse el caso de que usted creyera haber llegado[23] a T., y sólo fuese una ilusión. Para regular la vida a bordo de los vagones demasiados repletos, la empresa se ve obliga-25 da a echar mano de ciertos expedientes.[24] Hay estaciones que son pura apariencia: han sido construidas en plena selva y llevan el nombre de alguna ciudad importante. Pero basta poner un poco de atención para descubrir el engaño. Son como las

---

[23]Podria. . .llegado: *it could happen that you think you had arrived*
[24]la empresa. . .expedientes: *the company finds it necessary to resort to certain measures*

decoraciones del teatro, y las personas que figuran en ellas están rellenas de aserrín. Esos muñecos revelan fácilmente los estragos de la intemperie,[25] pero son a veces una perfecta imagen de la realidad: llevan en el rostro las señales de un cansancio infinito.

—Por fortuna, T. no se halla muy lejos de aquí.

—Pero carecemos por el momento de trenes directos. Sin embargo, bien podría darse el caso de que usted llegara a T. mañana mismo, tal como desea. La organización de los ferrocarriles, aunque deficiente, no excluye la posibilidad de un viaje sin escalas.[26] Vea usted, hay personas que ni siquiera se han dado cuenta de lo que pasa. Compran un boleto para ir a T. Pasa un tren, suben, y al día siguiente oyen que el conductor anuncia: "Hemos llegado a T." Sin tomar precaución alguna, los viajeros descienden y se hallan efectivamente en T.

—¿Podría yo hacer alguna cosa para facilitar ese resultado?

—Claro que puede usted. Lo que no se sabe es si le servirá de algo. Inténtelo de todas maneras. Suba usted al tren con la idea fija de que va a llegar a T. No converse con ninguno de los pasajeros. Podrían desilusionarlo con sus historias de viaje, y hasta se daría el caso de que lo denunciaran.[26]

—¿Qué está usted diciendo?

—En virtud del estado actual de las cosas[27] los trenes viajan llenos de espías. Estos espías, voluntarios en su mayor parte, dedican su vida a fomentar

---

[25] los estragos de la intemperie: *the ravages of bad weather*
[26] hasta. . .denunciaran: *it's even possible that they would denounce you*
[27] En virtud. . .cosas: *because of the present state of affairs*

el espíritu constructivo de la empresa. A veces uno no sabe lo que dice y habla sólo por hablar.[28] Pero ellos se dan cuenta en seguida de todos los sentidos que puede tener una frase, por sencilla que sea.[29] Del
5 comentario más inocente saben sacar una opinión culpable. Si usted llegara a cometer la menor imprudencia, sería aprehendido sin más,[30] pasaría el resto de su vida en un vagón cárcel, en caso de que no le obligaran a descender en una falsa estación, perdida
10 en la selva. Viaje usted lleno de fe, consuma la menor cantidad posible de alimentos y no ponga los pies en el andén antes de que vea en T. alguna cara conocida.

—Pero yo no conozco en T. a ninguna persona.

—En ese caso redoble usted sus precauciones.
15 Tendrá, se lo aseguro, muchas tentaciones en el camino. Si mira usted por las ventanillas, está expuesto a[31] caer en la trampa de un espejismo. Las ventanillas están provistas de ingeniosos dispositivos que crean toda clase de ilusiones en el ánimo de los pasajeros.
20 No hace falta ser débil para caer en ellas. Ciertos aparatos, operados desde la locomotora, hacen creer, por el ruido y los movimientos, que el tren está en marcha.[32] Sin embargo, el tren permanece detenido semanas enteras, mientras los viajeros ven pasar
25 cautivadores paisajes a través de los cristales.

—¿Y eso qué objeto tiene?

—Todo esto lo hace la empresa con el sano propósito de disminuir la ansiedad de los viajeros y de

---

[28] habla sólo por hablar: *talks just for the sake of talking*
[29] por sencilla que sea: *no matter how simple it might be*
[30] sin más: *just like that*
[31] está. . .expuesto a: *you run the risk of*
[32] en marcha: *in motion*

anular en todo lo posible[33] las sensaciones de
traslado. Se aspira a que un día se entreguen
plenamente al azar, en manos de una empresa
omnipotente, y que ya no les importe saber a dónde
van ni de dónde vienen.                                                5
    —Y usted, ¿ha viajado mucho en los trenes?
    —Yo, señor, sólo soy guardagujas. A decir verdad,
soy un guardagujas jubilado, y sólo aparezco aquí de
vez en cuando para recordar los buenos tiempos. No
he viajado nunca, ni tengo ganas de hacerlo. Pero los  10
viajeros me cuentan historias. Sé que los trenes han
creado muchas poblaciones además de la aldea de F.,
cuyo origen le he referido. Ocurre a veces que los
tripulantes de un tren reciben órdenes misteriosas.
Invitan a los pasajeros a que desciendan de los       15
vagones, generalmente con el pretexto de que
admiren las bellezas de un determinado lugar. Se les
habla[34] de grutas, de cataratas o de ruinas célebres:
"Quince minutos para que admiren ustedes la gruta
tal o cual," dice amablemente el conductor. Una vez   20
que los viajeros se hallan a cierta distancia, el tren
escapa a todo vapor.
    —¿Y los viajeros?
    —Vagan desconcertados de un sitio a otro durante
algún tiempo pero acaban por congregarse y se        25
establecen en colonia. Estas paradas intempestivas se
hacen en lugares adecuados, muy lejos de toda
civilización y con riquezas naturales suficientes. Allí
se abandonan lotes selectos, de gente joven, y sobre
todo con mujeres abundantes. ¿No le gustaría a usted  30

---

[33] en todo lo posible: *as much as possible*
[34] Se les habla: *they are told*

acabar sus días en un pintoresco lugar desconocido, en compañía de una muchachita?

El viejecillo hizo un guiño, y se quedó mirando al viajero con picardía, sonriente y lleno de bondad. En 5 ese momento se oyó un silbido lejano. El guardagujas dio un brinco, lleno de inquietud, y se puso a hacer señales ridículas y desordenadas con su linterna.

—¿Es el tren? —preguntó el forastero.

El anciano echó a correr por la vía, desaforada- 10 mente.[35] Cuando estuvo a cierta distancia, se volvió para gritar:

—¡Tiene usted suerte! Mañana llegará a su famosa estación. ¿Cómo dice usted que se llama?

—¡X! —contestó el viajero.

15 En ese momento el viejecillo se disolvió en la clara mañana. Pero el punto rojo de la linterna siguió corriendo y saltando entre los rieles, imprudente- mente, al encuentro del tren.

Al fondo del paisaje, la locomotora se acercaba 20 como un ruidoso advenimiento.

## CUESTIONARIO

1. ¿Cómo llegó el forastero a la estación?
2. ¿Por qué parecía extraño el viejecillo?
3. ¿Por qué no empleó el autor ni nombres de hombres ni de lugares?
4. ¿Qué consejo le dio el viejecillo al forastero?

[35] echó. . .desaforadamente: *took off running down the tracks in a crazy way*

5. Describa el sistema ferroviario del país.

6. ¿En qué condiciones se hallaban los rieles de ese país?

7. Según el viejecillo, ¿tenía el forastero alguna posibilidad de subir a un tren y de llegar a T.?

8. ¿Cómo iban a construir el próximo tramo de ferrocarriles nacionales?

9. ¿Por qué no esperaba la gente ser conducida a un sitio especial?

10. ¿Cómo llegaron algunos viajeros a su destinación?

11. Algunas veces, ¿cuál era la diferencia entre primera y segunda clase? ¿Por qué no era siempre así?

12. ¿Cómo crearon la aldea de F.?

13. ¿Por qué decidió la empresa no construir un puente sobre el abismo?

14. ¿Qué dificultades tendría el forastero en subir al tren?

15. ¿Qué problemas encontraron en el uso de la policía?

16. ¿Que plan tenía la empresa para resolver el problema?

17. ¿Por qué había que tener mucho cuidado en el tren?

18. ¿Qué semejanzas tenían las figuras rellenas de aserrín y la realidad?

19. ¿Por qué aconsejó el viejecillo al forastero que no hablara con los otros pasajeros?

20. ¿Qué castigos existían para los que cometían imprudencias?

21. ¿Cuál era la aspiración maxima de la empresa?

22. ¿Por qué no había viajado el viejecillo?

23. ¿Por qué estaba en la estación?

24. ¿Por qué hizo un guiño el viejecillo?

25. ¿Cómo desapareció?

## PARA DISCUTIR Y ESCRIBIR

1. ¿Cómo crea el autor el aspecto fantástico de este cuento?
2. ¿Son divertidas u horribles las invenciones del viejecillo?
3. ¿Puede tener todo ésto implicaciones sociales? ¿Critica el autor una forma especial de gobierno o es sencillamente una pesadilla divertida?
4. ¿Qué explicación lógica puede tener este cuento?

# 10

# Ana María
# Matute

# ANA MARÍA MATUTE

ESPAÑA, 1926-

*Después de la Guerra Civil, la narrativa española se desarrolla con todo vigor. A menudo se habla de las generaciones de 1935, 1945 y 1955. La generación del 1945 es la que realmente inicia el renacimiento de la novela española y en ésta se destaca Ana María Matute. Hizo sus primeros estudios en un colegio de religiosas y luego interrumpió sus estudios universitarios para casarse con el novelista y poeta, R.E. Goicochea. A los veintidós años, Ana María ya había terminado dos novelas.*

*Ha publicado unos catorce libros: cinco novelas largas y el resto, colecciones de cuentos. La obra culminante de la autora es* Fiesta al noroeste *(1953) cuyo tema es la inutilidad, pudrición y pobreza espiritual en la vida de un rico de pueblo. Han gozado de mucho éxito sus cuentos y relatos, sobre todo los relacionados con la niñez:* Los niños tontos *(1956);* El tiempo *(1957);* Los hijos muertos *(1958);* El arrepentido *(1961);* Tres y un sueño *(1961);* Historias de la Artámila *(1961) y otros. Refiriéndose a esta última colección, de la cual hemos seleccionado el cuento "El rey", ha dicho la autora: "Cuando comencé este libro no lo hice como los demás. Quiero decir, de una sola vez, del principio al fin. Lo fui escribiendo lentamente, a retazos, a ráfagas. Tal como nos llegan los recuerdos. Con un sonido, un olor, o acaso un viento especial, que no se parece a ningún otro. Todo, o casi todo lo que en este libro dije, me había sucedido, o les había sucedido a personas que conocí, hace mucho tiempo."*

Los temas principales de las obras de Ana María Matute son la soledad y la falta de comunicación entre individuos, la violencia, la mezcla de amor y odio en las relaciones humanas, el mundo maravilloso, torturado o alucinado de la niñez, la necesidad de escaparse o evadirse de la vida real. En sus cuentos sobre niños a veces muestra una ternura incomparable y otras veces presenta aspectos anormales de la sicología infantil. Esta autora tiene un estilo muy personal, lleno de colores y de plasticidad, rico en vocabulario como también en imágenes y metáforas. Su prosa es concisa y se caracteriza por las descripciones líricas de la naturaleza. Sus relatos son vívidos y siempre captan el interés del lector.

En "El rey" encontramos uno de sus cuentos más notables. Un maestro, don Fermín, lleva la luz del conocimiento a un niño paralítico de nueve años. El interés del maestro produce en Dino, que así se llama el protagonista, un gran afecto por su mentor. Don Fermín hace todo lo humanamente posible para que el niño conozca todos los aspectos agradables de la vida, pero la madre siempre insiste en lo feo y terrible de la existencia. El final imprevisto nos enseña cómo el maestro parece coincidir con la madre por un momento. Ternura, comprensión del mundo de los niños y visión poética se hermanan constantemente en este cuento, uno de los más hermosos y conmovedores de Ana María Matute.

# El rey

La escuela del pueblo estaba en una casa muy vieja, quizá de las más viejas de la aldea. Consistía en una nave larga, dividida en dos secciones (una para los niños, otra para las niñas) con ventanas abiertas a la calleja. Desde las ventanas se veía el río, con su puente y el sauce. Más allá, sobre los tejadillos cobrizos, salpicados de líquenes verdes como cardenillo, las montañas proyectaban su sombra ancha y azul, bajo el gran cielo.

Debajo de la escuela había un pequeño soportal, sostenido por enmohecidas columnas de madera de roble, quemadas por el tiempo, recorridas por la lluvia y las hormigas, llenas de cicatrices, muescas y nombres de muchachos, unos vivos y otros ya muertos. Encima de la escuela había aún otro piso, de techo muy bajo, con dos viviendas: una para el maestro, la otra para una mujer viuda, muy pobre, que se llamaba Dorotea Marina. Esta mujer limpiaba, cocinaba y cuidaba del maestro y su vivienda.

Dorotea Marina tenía un hijo. Se llamaba Dino, tenía nueve años, y todos en la aldea sentían por él, si no cariño, compasión. Desde los tres años Dino estaba paralítico de la cintura a los pies,[1] y se pasaba la vida

[1] estaba paralítico de la cintura a los pies: *(he) was paralyzed from the waist down*

sentado en un pequeño silloncito de anea,[2] junto a la ventana. Así, sin otra cosa que hacer, miraba el cielo, los tejados, el río y el sauce: desde los colores dorados de la mañana a los rosados y azules de la
5 tarde. Dino era un niño deforme,por la falta de ejercicio y la inmovilidad. Tenía los brazos delgados y largos, y los ojos redondos, grandes, de color castaño dorado, como el alcaraván.[3]

Dino, desde su silla, oía el rumor de la escuela y los
10 gritos de los muchachos. Conocía las horas de entrada y de salida,[4] las de lectura, las de aritmética, las de geografía. . .

—Madre, hoy dan Doctrina[5] —decía, con el cuello alargado, como un pájaro, hacia el sonido monótono
15 que ascendía pared arriba, como un ejército de insectos.

O bien:

—Madre, hoy toca cantar la Tabla. . .[6]

De oírles a los chicos, se sabía de memoria[7]
20 algunas cosas: la cantinela de la tabla de multiplicar, el Padrenuestro, el Credo y alguna fábula de Esopo.

Los domingos, si hacía sol, o al final de las tardes del verano, cuando el calor no castigaba[8] y la noche llegaba más despacio, su madre le sacaba en brazos al
25 soportal, y así Dino podía ver de cerca[9] a los

---

[2] silloncito de anea: *small bulrush armchair*
[3] alcaraván: *stone curlew (European bird)*
[4] horas de entrada y de salida: *arrival and departure time*
[5] hoy dan Doctrina: *today's lesson is Cathecism*
[6] hoy toca cantar la Tabla: *today's lesson is to recite the multiplication table*
[7] se sabía de memoria: *(he) knew it by heart*
[8] el calor no castigaba: *the heat wasn't too bad*
[9] ver de cerca: *to see up close*

muchachos y hablar algo con ellos. Dino se reía, con su risa menuda y un tanto dura, como el rebotar de una piedra blanca contra el suelo, viéndoles salir en tropel,[10] pelear, bajar corriendo al río, saltar unos sobre otros jugando a "la burranca".[11] A veces, 5 alguno se le acercaba a intercambiar cromos o bolitas de colores:

—Dino, cámbiame estas. . .

—No, ésa no: está rota. . .

—Ésa ya la tengo. . . 10

Se apiñaban, entonces, a su alrededor. En una cajita, Dino guardaba los cromos del chocolate del maestro y las bolas de cristal.[12] Su madre le tenía aseado y bien planchado, con su cajita siempre a mano, y Dino, seguramente, era feliz. 15

Un día, el maestro murió. Estuvieron cerca de un mes sin clases, y, al fin, llegó don Fermín.

Don Fermín era un hombre cincuentón,[13] de cabello gris y ojos pequeños y parpadeantes. Tenía el rostro cansado y afable, y los muchachos dijeron, a la 20 salida:

—Este don Fermín es mejor que don Fabián.

Don Fermín era de buen conformar.[14] Dorotea Marina también comentó, con las mujeres:

—No protesta de nada. No es como el pobre don 25 Fabián, que en gloria esté,[15] que todo el santo día estaba blasfemando. . .

---

[10] salir en tropel = en desbandada: *to leave in disorder*
[11] "la burranca": *leapfrog*
[12] bolas de cristal: *marbles*
[13] hombre cincuentón: *a man in his fifties*
[14] de buen conformar: *good nature, well adjusted*
[15] en gloria esté: *may (he) rest in peace*

En la escuela, don Fermín desterró los castigos corporales. Los muchachos no estudiaban más con él que con don Fabián, quizá se le desmandaban algo, pero no le odiaban. Quererle hubiera sido pedirles
5 demasiado.

Don Fermín tenía un aire triste y pensativo. Un día le dijo a Dorotea:

—Desde que murió mi mujer que ando por el mundo[16] como perdido.

10 Dorotea asintió, suspirando, mientras le servía la sopa:

—Así es, la verdad.[17] También a mí me ocurrió lo mismo, cuando murió mi Alejandro. Ya le digo, don Fermín: si no fuera por mi hijo no sé si no me habría
15 arrojado al Agaro.[18]

—¡Ah! . . . ¿Tiene usted un hijo?

Dorotea asintió, con aire abatido:[19]

—Uno, sí señor. Nueve años me cumplió esta primavera.

20 —Pues, ¿cuál de ellos es? —dijo don Fermín—. No recuerdo su nombre.

Dorotea le miró con tristeza.

—No, señor. No va a la escuela. ¿No sabe usted? Creí que le habrían dicho. . . como en los pueblos se
25 habla todo en seguida. . .

Se lo contó. Don Fermín no dijo nada, y comió con el aire abstraído[20] de todos los días. Pero cuando terminó y se sentó a reposar junto a la ventana,

---

[16] que ando por el mundo: *I wander about*
[17] así es, la verdad: *that's true!*
[18] Agaro: *fictional river*
[19] aire abatido: depressed, (morally) low
[20] aire abstraído: *absent-minded*

mientras Dorotea recogía los platos y el mantel, dijo:

—Mujer, quiero conocer a su chico. Vamos: no se le puede tener así, sin escuela, como una bestezuela. Si él no puede acudir, acudiré yo.

Dorotea juntó las manos y se echó a llorar.                    5

Desde aquel día, don Fermín, cuando la clase había concluido, pasaba a la vivienda de Dorotea Marina, y enseñaba a leer a Dino.

Pasó el tiempo. Se fue el verano y entró el invierno en la aldea. Dino y don Fermín se hicieron amigos.        10

Dino aprendió en seguida a leer y aun a escribir. También "de cuentas",[21] como decía Dorotea en la fuente, ante las mujeres que la escuchaban atentas.

—Ay, mujer, mujer: en un santiamén,[22] mi pobrecito Dino, que te lee de corrido,[23] como el señor  15 cura. . .

Dino le tomó cariño a don Fermín. Esperaba siempre su llegada con impaciencia:

—Madre, que ya rezan el Padrenuestro. Ya van para la despedida. . .[24]                                            20

Sonaban las seis en el reloj de la torre y los muchachos salían de la escuela. Oía sus carreras, sus gritos y sus pisadas, bajando la escalera angosta. Luego, los pasos lentos, los zapatos que crujían, y entraba don Fermín.                                          25

—¡Hola, bandido![25] —decía.

Dino sonreía y empezaba la lección. Después de la lección, don Fermín seguía allí mucho rato. Esto era

---

[21] "de cuentas": *arithmetic*
[22] en un santiamén: *(coll.) in a jiffy*
[23] lee de corrido: *(he) reads fluently*
[24] ya van para la despedida: *they are almost at the end. . .*
[25] Hola, bandido! : *Hello, rascal!*

lo mejor para Dino. Don Fermín le hablaba, le contaba historias, le explicaba cosas de hombres y tierras que estaban lejos de allí. Luego, a veces, Dino soñaba, por las noches, con las historias de don
5 Fermín.

—Ay, le llena usted la cabeza, don Fermín —decía Dorotea, entre orgullosa y dolorida—. ¡Es la vida tan dura, luego!

—Él no es como los otros, Dorotea —decía don
10 Fermín—. Ay, no, felizmente, él no es como ninguno de nosotros.

Don Fermín compró libros para el niño. Libros de cuentos, historias que hacían soñar a Fermín. Los libros llegaban en el auto de línea, y don Fermín
15 abría el paquete ceremoniosamente, ante la impaciente curiosidad de Dino.

—A ver, don Fermín, corte usted la cuerda, no la desate. . .

—Espera, hijo, espera: no se debe tirar nada. . .
20 Don Fermín escribía a la ciudad cartitas pulcras, con su hermosa letra inglesa: "les ruego se sirvan enviarme contra reembolso. . ."[26] Don Fermín se limpiaba los cristales de las gafas con el pañuelo, y, mientras le cocinaba la cena, Dorotea se decía: "Dios
25 sea bendito, que envió a esta casa a don Fermín. ¡Ojalá le viva a mi niño este maestro muchos años! "

Así llegó Navidad. Don Fermín mandó que comieran en su casa Dorotea y el niño. También entregó una cantidad mayor[27] a la mujer, y le dijo:

---

[26] contra reembolso: *collect on delivery (COD)*
[27] cantidad mayor: *a substantial amount of money*

—Ande usted, y lúzcase en la cocina: hoy es un día muy señalado.[28]

Dino estaba contento. En su cara delgada habían aparecido dos círculos rosados. Y aquella tarde, cuando sentados junto a la ventana miraban la nieve,   5 le dijo don Fermín:

—¿Nunca oíste de los Reyes Magos? [29]

No: nunca lo había oído. Si acaso, alguna vez, hacía tiempo. Pero ya no se acordaba. Don Fermín estaba raramente ilusionado. Le habló a Dino de los   10 Reyes, y Dino le interrumpió:

—¿Está usted seguro que se van a acordar de mí este año?

Don Fermín se quedó pensativo.

Al día siguiente, el maestro le dijo a Dorotea:   15

—Oiga usted, mujer, le voy a pedir una cosa: búsqueme por ahí colchas, trapos... en fin, cosas lucidas,[30] para hacer como un disfraz de rey.

—¡Ay madre! ¡De rey!

—Se me ha ocurrido... le vamos a dar al niño una   20 sorpresa: verá usted, le vamos a decir que el rey Melchor vendrá en persona a traerle los juguetes... ¡Es tan inocente! ¡Es tan distinto a todos! Si así pudiéramos darle la ilusión...

—¡Ay, don Fermín, qué cosas se le ocurren! Y,   25 además, ¿qué juguetes ha de tener él, pobre de mí?

—¡Deje usted de hablar! —don Fermín se impacientó—. De sobra sabe usted[31] que los juguetes los

---

[28] un día muy señalado: *a very special day*
[29] los Reyes Magos: *the Three Wise Men. (In Spain, children get their Christmas presents on January 6, the day of the Three Wise Men.)*
[30] cosas lucidas: *eye-catching things (clothes)*
[31] de sobra sabe usted: *you know very well*

mandaré traer yo. Tengo gusto en[32] eso, sí señora. . .
¡Para una alegría, para una ilusión que puede tener el
muchacho!

Dorotea se quedó pensativa:

5 —Ay, no sé, no sé. . . Mire, don Fermín, que la vida
es muy mala. Que la vida no es buena. ¿No será esto
cargarle la cabeza,[33] y luego. . .?

Don Fermín dijo:

—No sé, mujer. Eso no sé. . . Lo único que sé,
10 como usted, es que la vida, de todos modos,[34] es
siempre fea. Por eso, si una vez, sólo una vez, la
disfrazamos. . . Ande usted, no cavile, y vamos a darle
esa alegría al niño. El tiempo ya se encargará de
amargársela. . .

15 Dorotea movió la cabeza, dudosa, pero obedeció.

El cuatro de enero, el disfraz, mal que bien,[35]
estuvo terminado. El ama del cura ayudó a ello,
buscando vejestorios por la sacristía.

—Ay, pero que no se entere don Vicente, que
20 menudos chillos[36] me iba a dar. . .

—No, mujer: de mí no ha de salir. . . Es ese don
Fermín, ¿sabes? , que me le ha tomado tal ley a[37] mi
pobrecito. . .

Y, sorbiéndose el moquillo,[38] Dorotea cosió,
25 hilvanó y apuntó las cosas como mejor supo. A don
Fermín le pareció que todo había quedado muy bien:

[32] tengo el gusto en: *it is my pleasure*
[33] cargarle la cabeza: *to fill up his head*
[34] de todos modos: *at any rate*
[35] mal que bien: *willy-nilly*
[36] menudos chillos: *slight squeals*
[37] ha tomado tal ley a: *has taken such an interest in*
[38] sorbiéndose el moquillo: *sniffing in*

la túnica de viejas puntillas, la capa de damasco un
tanto deslucido, con orillos dorados. Luego, él
mismo, con cartulina y purpurina, hizo la corona. A
la noche, pasó a ver a Dino:

—¿Sabes una cosa, Dino? El rey Melchor, en   5
persona, va a traerte los juguetes.

Dino se quedó estupefacto. En todo lo que duró la
conversación, sus ojos brillaban, como las hojas del
otoño bajo la lluvia. Dorotea, que les oía desde la
cocina, movía la cabeza, medio sonriente, medio   10
triste.

El día cinco amaneció brillante. El sol arrancaba
destellos de la nieve. Don Fermín fue a por[39] Dino,
y, en brazos,[40] lo pasó a su casa. Luego le envolvió
las piernas en una manta, y charlaron sentados frente   15
a la ventana. Los árboles se recortaban, negros, en la
blancura de allá afuera.[41]

Sería media tarde cuando unos muchachos llamaron a la puerta de don Fermín. Venían a traerle un
"velay",[41] de parte de su madre.   20

—Don Fermín, que de parte de mi madre que velay
esta torta.[43]

Eran los hijos de Maximino Cifuentes, el juez.
Mientras don Fermín entraba en la alcoba, para
buscar unas "perrinas"[44] y algún caramelo, Dino   25
dijo:

—Va a venir el rey Melchor a traerme juguetes, esta
noche. . .

[39] fue a por: *went to get*
[40] en brazos: *carrying Dino in his arms*
[41] de allá afuera: *on the outside*
[42] "velay": *a surprise gift*
[43] velay esta torta: *take this cake (literally here's a cake)*
[44] "perrinas": *copper coins*

Paco, el hijo mayor de Maximino, se quedó con la boca abierta.

— ¡Arrea! [45]

— ¡El rey, dice!

5 Dino sonrió.

—Sí, el rey mismo... don Fermín lo ha dicho. Vendrá esta noche, ¿sabéis? Dice don Fermín que me esté sin dormir hasta las doce... pero de todos modos, como me dormiré, dice que ya vendrán a

10 despertarme... Pero yo he de hacerme el dormido, para que el rey no se lo malicie[46] y se vaya sin dejarme nada: así, con un ojo abierto, le veré como entra y como deja los regalos...

Al lado, en la alcoba, don Fermín se quedó

15 suspenso. Escuchó:

—Anda, tú; lo que dice éste... ¡Mentira!

— ¡No es mentira!

—Mira tú, so tonto...[47] ¡no lo creas!

—Sí lo creo... ¡y si no, ven tú a verlo, si quieres!

20 —No —dijo Paco—. ¡Cuéntanoslo tú!

En la alcoba, don Fermín se sentó al borde de la cama. Sus ojillos parpadeaban, y escuchó:

—Ahora mismo, si quiero, lo puedo contar. ,, no necesito que pase para saberlo.[48] Si quiero, ahora

25 mismo la cuento, porque lo sé muy bien...

— ¡Pues cuéntalo!

Don Fermín imaginaba los ojos redondos de Dino,

---

[45] ¡Arrea! : *(fig.) Nonsense!*
[46] malicie: *suspects, has suspicions*
[47] so tonto: *you fool*
[48] no necesito que pase para saberlo: *it need not happen for me to know about it*

llenos de oro, como con gotas de agua titilando dentro.

—Pues vendrá el rey. . . y primero oiré música.

—¡Uy, música, dice. . .!

—Sí, música, ¿cómo va a venir el rey sin música! Se oirá una música muy bonita, y luego, toda la ventana se llenará de oro. Así, como lo oyes: se volverá de oro toda la madera del cuarto: el suelo, la cama, todo. . . Porque la luz que entrará por la ventana todo lo volverá de oro. Luego, por encima de la montaña, se pondrán en fila las estrellas. Después. . .

—Después, ¿qué?

—Pues vendrán los reyes. Vendrán en camellos, porque dice don Fermín que montan en camellos. Yo veré cómo se acercan los camellos: primero, de lejos, muy pequeños, y luego agrandándose poco a poco: y serán uno blanco, otro amarillo y otro negro. . . Y vendrán por el aire, ¿sabes? Traerán muchos criados y pajes: vestidos de miles de colores. Y traerán flores y ramos.

—¡Uy, flores en enero!

—Y qué, ¿no son magos, acaso? También traerán elefantes blancos. Vendrán con cien elefantes blancos cargados de regalos hasta las nubes. Entonces se adelantará el rey Melchor, que es el mío. Lleva un traje de plata o de oro y una corona de piedras preciosas y de estrellas: y la cola del manto le arrastra por el suelo, y tiene una barba blanca hasta la cintura. ¡Todo eso lo veré yo esta noche! Y apoyará una escalera de oro, muy larga, en mi ventana. Y subirá por ella. . .

Don Fermín oyó más y más cosas. Tantas, que perdió el hilo de aquellas palabras. Al fin, se levantó y llamó a Paco:

—Venid acá, muchachos. . .

5 Los chicos entraron, tímidos.

—Tomad estos caramelos. . . Marchad.

Los chicos salieron, y don Fermín se quedó solo. Abrió el armario y contempló el disfraz del rey. La tela vieja, desvaída, la corona de cartulina pintada. 10 Llamó:

—Dorotea. . .

La mujer entró.

—Mire usted, ¿sabe? —dijo don Fermín, sin mirarla—. He pensado que tenía usted razón: mejor será no 15 despertar al niño esta noche. . . que crea que el rey vino cuando él dormía. Tenía usted razón, mujer: la vida es otra cosa. Mejor es no llenarle al chico la cabeza.

## CUESTIONARIO

1. ¿Cuántas secciones tenía la escuela? ¿Qué podían ver los niños a través de la ventana abierta?

2. ¿Cuántas viviendas habían encima de la escuela? ¿Quiénes vivían en el piso alto?

3. ¿Qué ambiente trata de establecer la autora al describir detalladamente el mundo físico que rodea a los protagonistas del cuento?

4. ¿Por qué la gente le tenía compasión al hijo de Dorotea Marina? ¿Era Dino paralítico de nacimiento o tuvo

una enfermedad? ¿Qué parece sugerir la autora al describir la deformidad física de Dino?

5. ¿Cómo pasaba Dino sus días? ¿Qué observaba desde la ventana de su casa?

6. ¿Cómo sabía Dino qué sucedía en la escuela? ¿Qué imagen usa la autora para describir el sonido que hacían las voces de los muchachos al dar la lección?

7. ¿Don Fermín le regalaba libros a Dino? ¿Qué clase de libros cree Ud. que recibía Dino?

8. ¿Cree Ud. que don Fermín era un hombre generoso? ¿Qué detalle revela su respuesta?

9. ¿Era don Fermín un maestro severo con sus alumnos? Compare la actitud de don Fermín hacia sus alumnos con la de don Fabián. ¿Quién cree Ud. que tenía más éxito como maestro?

10. ¿Cuánto tiempo pasó antes de que don Fermín y Dino se hicieran amigos? ¿Era don Fermín un compañero cariñoso para Dino?

11. ¿Qué recibieron Dorotea y Dino para la Navidad? ¿Dónde cenaron?

12. ¿Qué sorpresa pensaba darle don Fermín a Dino en el día de los Reyes Magos?

13. ¿Qué sucedió cuando los muchachos Cifuentes le llevaron un "velay" a don Fermín?

14. ¿Cómo reaccionó Dino cuando los muchachos Cifuentes trataron de convencerlo de que los Reyes Magos no daban juguetes a los niños? ¿Por qué Dino defendió su creencia tan apasionadamente?

15. En su opinión, ¿a qué tipo de rey se refiere el título del cuento?

16. ¿Cree Ud. que es éste un cuento para niños o para adultos?

# PARA DISCUTIR Y ESCRIBIR

1. ¿Qué clase de escuela describe la autora del cuento? Describa el paisaje utilizando el vocabulario del texto.

2. ¿Qué problema tenía Dorotea Marina y por qué vivía encima de la escuela? Indique qué clase de trabajo hacía.

3. ¿Cómo era el carácter de don Fermín y por qué quería ayudar al hijo de Dorotea?

4. ¿Por qué Dorotea no quería que don Fermín le llenara la cabeza de cosas a su hijo Dino?

5. ¿Cuál es el tema de este cuento? ¿Qué piensa la autora sobre la educación especial para niños enfermos, (inhabilitados)?

6. Utilizando el texto como guía, indique qué aprendían los niños en la escuela.

7. ¿Por qué razón don Fermín no quiso hacer de rey Melchor?

8. ¿Qué fiesta celebran los niños españoles el 5 de enero a la medianoche? Describa cuál es la fiesta similar que se celebra en Estados Unidos de Norteamérica y en qué fecha.

9. Describa cómo se imaginaba Dino que vendrían los Reyes Magos a visitarlo. ¿Cree Ud. que este tipo de fantasía es característico de un muchacho de nueve años?

# 11

# Carlos
# Fuentes

# CARLOS FUENTES

MÉXICO, 1928-

*Fuentes es quizá uno de los escritores mexicanos contemporáneos que más han contribuído a renovar la narrativa de su país, al reaccionar enérgicamente contra el regionalismo impuesto por el ciclo de la novela de la Revolución Mexicana. Fuentes nació en la ciudad de México y vivió con su familia en diferentes ciudades de América y Europa. De estas experiencias se deriva su cosmopolitismo y el dominio de varias lenguas modernas. Estudió derecho en Ginebra y en la Universidad Nacional de México.*

*Su carrera literaria se inició con la publicación de* Los días enmascarados *(1954), colección de seis cuentos de literatura fantástica en los cuales emplea la técnica del "realismo mágico." En ellos trata de presentar la persistencia de los mitos y de la cultura indígena en el México contemporáneo. Su segundo tomo de cuentos* Cantar de ciegos *(1964) contiene temas que tratan sobre la lucha del individuo contra el medio, y la trama se desarrolla con más profundidad sicológica que en los cuentos anteriores. Fuentes publica su primera novela,* La región más transparente *(1958) utilizando las técnicas narrativas más modernas (monólogo interior, contrapunto, libre asociación de ideas, etc.). En ella presenta la complejidad del ambiente colectivo de la capital mexicana visto a través de la sicología de todas las clases*

*sociales: aristocracia, burguesía, clase media, pro-*
*letariado, etc. En* Las buenas conciencias *(1959),*
*Fuentes abandona la novela experimental y super-*
*realista para regresar a la técnica del realismo tradi-*
*cional. Es una crítica a fondo de la sociedad*
*provinciana durante la época prerevolucionaria. Una*
*de las novelas más conocidas,* La muerte de Artemio
Cruz *(1962), que fue simultáneamente traducida al*
*inglés, presenta un amplio panorama del México de*
*los últimos setenta u ochenta años, mediante los*
*relatos retrospectivos (flashbacks) que de su vida hace*
*un revolucionario enriquecido. Entre las novelas más*
*recientes, tenemos* Zona sagrada *(1964) de tema*
*mítico, y* Cambio de piel *(1967), de gran complejidad*
*estructural en la que expone la evolución social y*
*política que su país ha logrado en el siglo XX.*

*Carlos Fuentes se caracteriza por su pensamiento*
*social avanzado y por su actitud crítica y severa ante*
*la corrupción política que, según él, ha impedido*
*alcanzar los objetivos de la Revolución Mexicana.*

*El cuento "Chac Mool", que ofrecemos como*
*selección, pertenece a* Los días enmascarados. *En este*
*cuento aparecen dos niveles de narración: uno está*
*constituído por la "acción actual", cuando un amigo*
*va a Acapulco a buscar el cadáver de su amigo*
*Filiverto, quien había muerto ahogado; y el otro, por*
*la lectura de una especie de "diario" que dejó*
*Filiberto. Sabemos entonces que éste último había*
*comprado una estatuilla de Chac Mool, dios maya de*
*la lluvia, la cual poco a poco se había ido convir-*
*tiendo en un personaje real en la mente de Filiberto,*
*del tal modo que le dictaba las normas de su vida. El*
*cuento tiene un fin inesperado.*

# Chac Mool

Hace poco tiempo, Filiberto murió ahogado en Acapulco. Sucedió en Semana Santa. Aunque despedido de su empleo en la Secretaría, Filiberto no pudo resistir la tentación burocrática de ir, como todos los años, a la pensión alemana, comer el choucrout 5 endulzado por el sudor de la cocina tropical, bailar el Sábado de gloria en La Quebrada,[1] y sentirse «gente conocida» en el obscuro anonimato vespertino de la playa de Hornos.[2] Claro, sabíamos que en su juventud había nadado bien, pero ahora, a los cuarenta, y 10 tan desmejorado como se le veía, ¡intentar salvar, y a medianoche, un trecho tan largo[3] Frau Müller no permitió que se velara —cliente tan antiguo— en la pensión; por el contrario, esa noche organizó un baile en la terracita sofocada,[4] mientras Filiberto esperaba, 15 muy pálido en su caja,[5] a que saliera el camión matutino de la terminal, y pasó acompañado de huacales y fardos la primera noche de su nueva vida. Cuando llegué, temprano, a vigilar el embarque del

[1] el Sábado de gloria en La Quebrada: *Holy Saturday in a section of Acapulco.*
[2] la playa de Hornos: *a famous beach in Acapulco*
[3] tan desmejorado. . largo: *in such bad health as he seemed to be, to try to get across, and at midnight, such a long stretch!*
[4] la terracita sofocada: *the suffocatingly hot little terrace*
[5] caja: *coffin*

féretro, Filiberto estaba bajo un túmulo de cocos; el chófer dijo que lo acomodáramos rápidamente en el toldo y lo cubriéramos de lonas, para que no se espantaran los pasajeros, y a ver si no le habíamos echado la sal al viaje.[6]

Salimos de Acapulco, todavía en la brisa. Hasta Tierra Colorada[7] nacieron el calor y la luz. Con el desayuno de huevos y chorizo, abrí el cartapacio de Filiberto, recogido el día anterior, junto con sus otras pertenencias, en la pensión de los Müeller. Doscientos pesos. Un periódico viejo; cachos de la lotería; el pasaje de ida —¿sólo de ida? —, y el cuaderno barato, de hojas cuadriculadas y tapas de papel mármol.

Me aventuré a leerlo, a pesar de las curvas, el hedor a vómito, y cierto sentimiento natural de respeto a la vida privada de mi difunto amigo. Recordaría —sí, empezaba con eso— nuestra cotidiana labor en la oficina; quizá, sabría por qué fue declinando, olvidando sus deberes, por qué dictaba oficios sin sentido, ni número, ni «Sufragio Efectivo»[8] Por qué, en fin, fue corrido, olvidada la pensión, sin respetar los escalafones.

«Hoy fui a arreglar lo de mi pensión. El licenciado, amabilísimo. Salí tan contento que decidí gastar cinco pesos en un café. Es el mismo al que íbamos de jóvenes y al que ahora nunca concurro, porque me

[6] a ver. . .viaje: *let's hope we haven't jinxed the trip.*
[7] Tierra Colorada: *the first town on the bus trip back to the capital from Acapulco*
[8] «Sufragio Efectivo»: *a slogan that a Mexican bureaucrat might normally include in a memo. The narrator's point in this paragraph is that Filiberto had clearly lost touch with reality because he ignored all of the things a normal bureaucrat would remember in writing.*

recuerda que a los veinte años podía darme más lujos
que a los cuarenta. Entonces todos estábamos en un
mismo plano, hubiéramos rechazado con energía
cualquier opinión peyorativa hacia los compañeros;
de hecho librábamos la batalla por aquéllos a quienes  5
en la casa discutían la baja extracción o falta de
elegancia. Yo sabía que muchos (quizá los más
humildes) llegarían muy alto, y aquí, en la escuela, se
iban a forjar las amistades duraderas en cuya compañía cursaríamos el mar bravío.[9] No, no fue así. No  10
hubo reglas. Muchos de los humildes quedaron allí,
muchos llegaron más arriba de lo que pudimos
pronosticar en aquellas fogosas, amables tertulias.
Otros, que parecíamos prometerlo todo, quedamos a
la mitad del camino, destripados en un examen  15
extracurricular, aislados por una zanja invisible de los
que triunfaron y de los que nada alcanzaron. En fin,
hoy volví a sentarme en las sillas, modernizadas
—también, como barricada de una invasión, la fuente
de sodas—, y pretendí leer expedientes. Vi a muchos,  20
cambiados, amnésicos, retocados de luz neón, prós-
peros. Con el café que casi no reconocía, con la
ciudad misma, habían ido cincelándose a ritmo
distinto del mío.[10] No, ya no me reconocían, o no
me querían reconocer. A lo sumo —uno o dos— una  25
mano gorda y rápida en el hombro. Adiós, viejo, qué
tal. Entre ellos y yo, mediaban los dieciocho agujeros
del Country Club. Me disfracé en los expedientes.
Desfilaron los años de las grandes ilusiones, de los
pronósticos felices, y también, todas las omisiones  30

---

[9] cursaríamos el mar bravío: *we would cross the stormy sea*
[10] habían. . .mío: *they had developed differently than I.*

que impidieron su realización. Sentí la angustia de no poder meter los dedos en el pasado y pegar los trozos de algún rompecabezas abandonado; pero el arcón de los juguetes se va olvidando, y al cabo, quién sabrá a
5 dónde fueron a dar[11] los soldados de plomo, los cascos, las espadas de madera. Los disfraces tan queridos, no fueron más que esto. Y sin embargo, había habido constancia, disciplina, apego al deber. ¿No era suficiente, o sobraba? No dejaba, en
10 ocasiones, de asaltarme el recuerdo de Rilke.[12] La gran recompensa de la aventura de juventud debe ser la muerte; jóvenes, debemos partir con todos nuestros secretos. Hoy, no tendría que volver la vista a las ciudades de sal. ¿Cinco pesos? Dos de propina.»

15 «Pepe, aparte de su pasión por el derecho mercantil, gusta de teorizar. Me vio salir de Catedral, y juntos nos encaminamos a Palacio.[13] Él es descreído, pero no le basta: en media cuadra tuvo que fabricar una teoría. Que si no fuera mexicano, no adoraría a
20 Cristo, y —No, mira, parece evidente. Llegan los españoles y te proponen adores a un Dios, muerto hecho un coágulo, con el costado herido, clavado en una cruz. Sacrificado. Ofrendado. ¿Qué cosa más natural que aceptar un sentimiento tan cercano a
25 todo tu ceremonial, a toda tu vida? . . . Figúrate, en cambio, que México hubiera sido conquistado por

[11] a donde fueron a dar: *what happened to*
[12] Rilke: *Rainier Maria Rilke (1875-1926), German writer, author of* The Notebooks of Malte Laurids Briggs, *which portrays a man engaged in a search for self-identity, as is Filiberto.*
[13] Catedral: *the cathedral in the Zócalo, the central plaza in Mexico City. The Palacio is the government office building on another side of the plaza. The cathedral was built over the ruins of an Aztec temple.*

budistas o mahometanos. No es concebible que
nuestros indios veneraran a un individuo que murió
de indigestión. Pero un Dios al que no le basta que se
sacrifiquen por él, sino que incluso va a que le
arranquen el corazón, ¡caramba, jaque mate a Huitzi-     5
lopochtli! [14] El cristianismo, en su entido cálido,
sangriento, de sacrificio y liturgia, se vuelve una
prolongación natural y novedosa de la religión indígena. Los aspectos de caridad, amor, y la otra
mejilla, en cambio, son rechazados. Y todo en México   10
es eso: hay que matar a los hombres para poder creer
en ellos.

«Pepe conocía mi afición, desde joven, por ciertas
formas del arte indígena mexicano. Yo colecciono
estatuillas, ídolos, cacharros. Mis fines de semana los   15
paso en Tlaxcala, o en Teotihuacán. [15] Acaso por esto
le guste relacionar todas las teorías que elabora para
mi consumo con estos temas. Por cierto que busco
una réplica razonable del Chac Mool [16] desde hace
tiempo, y hoy Pepe me informa de un lugar en la   20

---

[14] jaque mate a Huitzilopochtli! : *checkmate, Huitzilopochtli! (Aztec
god of war). He is pointing out that Christianity is based more on
blood than the Aztec religion. The modern Mexican is very concerned
with his Indian past buried under his Spanish past.*

[15] Tlaxcala and Teotihuacán: *The oldest Christian church in America
is in Tlaxcala. Cortés founded it in 1521. The Tlaxcaltec Indians
helped Cortés defeat the Aztecs. Teotihuacán was the Aztec holy
city. Its origin was a mystery even to the Aztecs. The main god was
Tláloc, the rain god. His Mayan equivalent is Chac.*

[16] Chac Mool: *a familiar reclining figure common to most pre-Columbian
cultures of Mexico. He is something of an enigma. Some say he is
the messenger who took sacrifices to the sun (hence the circular
dish he holds on his stomach which we suppose was for human
sacrifices); others, that he was the god of life. Fuentes takes advantage of Chac Mool's mysterious origin in this story.*

Lagunilla[17] donde venden uno de piedra, y parece que barato. Voy a ir el domingo.

«Un guasón pintó de rojo el agua del garrafón en la oficina, con la consiguiente perturbación de las
5 labores. He debido consignarlo al director, a quien sólo le dio mucha risa. El culpable se ha valido de esta circunstancia para hacer sarcasmos a mis costillas[18] el día entero, todos en torno al agua. ¡Ch . . .! »[19]

«Hoy, domingo, aproveché para ir a la Lagunilla.
10 Encontré el Chac Mool en la tienducha que me señaló Pepe. Es una pieza preciosa, de tamaño natural, y aunque el marchante asegura su originalidad, lo dudo. La piedra es corriente, pero ello no aminora la elegancia de la postura o lo macizo del bloque. El
15 desleal vendedor le ha embarrado salsa de tomate en la barriga para convencer a los turistas de la autenticidad sangrienta de la escultura.

«El traslado a la casa me costó más que la adquisición. Pero ya está aquí, por el momento en el
20 sótano mientras reorganizo mi cuarto de trofeos a fin de darle cabida.[20] Estas figuras necesitan sol, vertical y fogoso; ése fue su elemento y condición. Pierde mucho en la obscuridad del sótano, como simple bulto agónico,[21] y su mueca parece reprocharme que
25 le niegue la luz. El comerciante tenía un foco exactamente vertical a la escultura, que recortaba

[17] la Lagunilla: *a popular market in Mexico City*
[18] El culpable. . .costillas: *The guilty party has taken advantage of the situation to make fun of me*
[19] ¡Ch. . .! : *The beginning of a common Mexican swearword, but also the beginning of the name Chac.*
[20] a fin de darle cabida: *so that I can make room for him.*
[21] bulto agónico: *dying body (the word bulto includes statue and carcass in its meaning*

todas las aristas,[22] y le daba una expresión más amable a mi Chac Mool. Habrá que seguir su ejemplo.»

«Amanecí con la tubería descompuesta. Incauto, dejé correr el agua de la cocina, y se desbordó, corrió por el suelo y llegó hasta el sótano, sin que me percatara. El Chac Mool resiste la humedad, pero mis maletas sufrieron; y todo esto, en día de labores, me ha obligado a llegar tarde a la oficina.»

«Vinieron, por fin, a arreglar la tubería. Las maletas, torcidas. Y el Chac Mool, con lama en la base.»

«Desperté a la una: había escuchado un quejido terrible. Pensé en ladrones. Pura imaginación.»

«Los lamentos nocturnos han seguido. No sé a qué atribuirlo, pero estoy nervioso. Para colmo de males,[23] la tubería volvió a descomponerse, y las lluvias se han colado, inundando el sótano.»

«El plomero no viene, estoy desesperado. Del Departamento del Distrito Federal, más vale no hablar. Es la primera vez que el agua de las lluvias no obedece a las coladeras y viene a dar a mi sótano.[24] Los quejidos han cesado: vaya una cosa por otra.»[25]

«Secaron el sótano, y el Chac Mool está cubierto de lama. Le da un aspecto grotesco, porque toda la masa de la escultura parece padecer de una erisipela verde, salvo los ojos, que han permanecido de piedra. Voy a aprovechar el domingo para raspar el musgo. Pepe me ha recomendado cambiarme a un aparta-

---

[22] recortaba todas las aristas: *outlined all the edges*
[23] Para colmo de males: *To top it all*
[24] Es la. . .sótano: *It's the first time the rain water hasn't stayed in the gutters and has ended up in my basement.*
[25] vaya una cosa por otra: *one thing has replaced the other; in other words, at least I don't have to deal with both problems.*

miento, y en el último piso, para evitar estas tragedias acuáticas. Pero no puedo dejar este caserón, ciertamente muy grande para mí solo, un poco lúgubre en su arquitectura porfiriana,[26] pero que es la única
5 herencia y recuerdo de mis padres. No sé qué me daría[27] ver una fuente de sodas con sinfonola en el sótano y una casa de decoración en la planta baja.»

«Fui a raspar la lama del Chac Mool con una espátula. El musgo parecía ya parte de la piedra; fue
10 labor de más de una hora, y sólo a las seis de la tarde pude terminar. No era posible distinguir en la penumbra, y al dar fin al trabajo, con la mano seguí los contornos de la piedra. Cada vez que repasaba el bloque parecía reblandecerse. No quise creerlo: era ya
15 casi una pasta. Este mercader de la Lagunilla me ha timado. Su escultura precolombina es puro yeso, y la humedad acabará por arruinarla. Le he puesto encima unos trapos, y mañana la pasaré a la pieza de arriba, antes de que sufra un deterioro total.»

20 «Los trapos están en el suelo. Increíble. Volví a palpar a Chac Mool. Se ha endurecido, pero no vuelve a la piedra. No quiero escribirlo: hay en el torso algo de la textura de la carne, lo apieto como goma, siento que algo corre por esa figura recostada... Volví a
25 bajar en la noche. No cabe duda: el Chac Mool tiene vello en los brazos.»

«Esto nunca me había sucedido. Tergiversé los asuntos en la oficina: giré una orden de pago que no estaba autorizada, y el director tuvo que llamarme la
30 atención. Quizá me mostré hasta descortés con los

[26] arquitectura porfiriana: *architecture of the period of* Porfirio Díaz, *President of Mexico, (1877-1880 and 1884-1911)*
[27] No sé que me daría: *I don't know what it would do to me*

143

compañeros. Tendré que ver a un médico, saber si es imaginación, o delirio, o qué, y deshacerme de ese maldito Chac Mool.»

Hasta aquí, la escritura de Filiberto era la vieja, la que tantas veces vi en memoranda y formas, ancha y ovalada. La entrada del 25 de agosto, parecía escrita por otra persona. A veces como niño, separando trabajosamente cada letra; otras, nerviosa, hasta diluirse en lo ininteligible. Hay tres días vacíos, y el relato continúa:

«Todo es tan natural; y luego, se cree en lo real. . ., pero esto lo es, más que lo creído por mí. Si es real un garrafón, y más, porque nos damos mejor cuenta de su existencia, o estar, si un bromista pinta de rojo el agua. . . Real bocanada de cigarro efímera, real imagen monstruosa en un espejo de circo, reales, ¿no lo son todos los muertos, presentes y olvidados. . .? Si un hombre atravesara el Paraíso en un sueño, y le dieran una flor como prueba de que había estado allí, y si al despertar encontrara esa flor en su mano. . ., ¿entonces, qué. . .? Realidad: cierto día la quebraron en mil pedazos, la cabeza fue a dar allá, la cola aquí, y nosotros no conocemos más que uno de los trozos desprendidos de su gran cuerpo. Océano libre y ficticio, sólo real cuando se le aprisiona en un caracol. Hasta hace tres días, mi realidad lo era al grado de haberse borrado hoy: era movimiento reflejo, rutina, memoria, cartapacio. Y luego, como la tierra que un día tiembla para que recordemos su poder, o la muerte que llegará, recriminando mi olvido de toda la vida, se presenta otra realidad que sabíamos estaba allí, mostrenca, y que debe sacudirnos para hacerse

viva y presente. Creía, nuevamente, que era imaginación: el Chac Mool, blando y elegante, había cam-
biado de color en una noche; amarillo, casi dorado,
parecía indicarme que era un Dios, por ahora laxo,
5 con las rodillas menos tensas que antes, con la sonrisa
más benévola. Y ayer, por fin, un despertar sobresaltado, con esa seguridad espantosa de que hay dos
respiraciones en la noche, de que en la obscuridad
laten más pulsos que el propio. Sí, se escuchaban
10 pasos en la escalera. Pesadilla. Vuelta a dormir. . .No
sé cuánto tiempo pretendí dormir. Cuando volví a
abrir los ojos, aún no amanecía. El cuarto olía a
horror, a incienso y sangre. Con la mirada negra,
recorrí la recámara,[28] hasta detenerme en dos orifi-
15 cios de luz parpadeante, en dos flámulas crueles y
amarillas.

«Casi sin aliento encendí la luz.

«Allí estaba Chac Mool, erguido, sonriente, ocre,
con su barriga encarnada. Me paralizaban los dos
20 ojillos, casi bizcos, muy pegados a la nariz triangular.
Los dientes inferiores, mordiendo el labio superior,
inmóviles; sólo el brillo del casquetón cuadrado sobre
la cabeza anormalmente voluminosa, delataba vida.
Chac Mool avanzó hacia la cama; entonces empezó a
25 llover.»

Recuerdo que a fines de agosto, Filiberto fue
despedido de la Secretaría, con una recriminación
pública del director, y rumores de locura y aun robo.
Esto no lo creía: Sí vi unos oficios descabellados,
30 preguntando al Oficial Mayor si el agua podía olerse,

---

[28] Con. . .recámara: *blindly I looked around the room*

ofreciendo sus servicios al Secretario de Recursos Hidráulicos para hacer llover en el desierto. No supe qué explicación darme; pensé que las lluvias excepcionalmente fuertes, de ese verano, lo habían enervado. O que alguna depresión moral debía producir la  5 vida en aquel caserón antiguo, con la mitad de los cuartos bajo llave y empolvados, sin criados ni vida de familia. Los apuntes siguientes son de fines de septiembre:

«Chac Mool puede ser simpático cuando quiere. . ., 10 un glu-glu de agua embelesada. . . Sabe historias fantásticas sobre los monzones, las lluvias ecuatoriales, el castigo de los desiertos; cada planta arranca de su paternidad mítica: el sauce, su hija descarriada; los lotos, su mimados; su suegra: el cacto. Lo que no 15 puedo tolerar es el olor, extrahumano, que emana de esa carne que no lo es, de las chanclas flamantes de ancianidad. Con risa estridente, el Chac Mool revela cómo fue descubierto por Le Plongeon,[29] y puesto, físicamente, en contacto con hombres de otros 20 símbolos. Su espíritu ha vivido en el cántaro y la tempestad, natural; otra cosa es su piedra, y haberla arrancado al escondite es artificial y cruel. Creo que nunca lo perdonará el Chac Mool. Él sabe de la inminencia del hecho estético. 25

«He debido proporcionarle sapolio para que se lave el estómago que el mercader le untó de *ketchup* al creerlo azteca.[30] No pareció gustarle mi pregunta

---

[29] Le Plongeon: *Augustus Le Plongeon, French explorer and writer who discovered a Chac Mool in 1886.*
[30] al creerlo azteca: *which would relate him to the human sacrifices of the Aztecs*

sobre su parentesco con Tláloc,[31] y cuando se enoja, sus dientes, de por sí repulsivos, se afilan y brillan. Los primeros días, bajó a dormir al sótano; desde ayer, en mi cama.»

5 «Ha empezado la temporada seca. Ayer, desde la sala en la que duermo ahora, comencé a oír los mismos lamentos roncos del principio, seguidos de ruidos terribles. Subí y entreabrí la puerta de la recámara: el Chac Mool estaba rompiendo las lámpa-
10 ras, los muebles; saltó hacia la puerta con las manos arañadas, y apenas pude cerrar e irme a esconder al baño... Luego, bajó jadeante y pidió agua; todo el día tiene corriendo las llaves,[32] no queda un centí-metro seco en la casa. Tengo que dormir muy
15 abrigado, y le he pedido no empapar la sala más.»

«El Chac Mool inundó hoy la sala. Exasperado, dije que lo iba a devolver a la Lagunilla. Tan terrible como su risilla —horrorosamente distinta a cualquier risa de hombre o animal— fue la bofetada que me dio, con
20 ese brazo cargado de brazaletes pesados. Debo re-conocerlo: soy su prisionero. Mi idea original era distinta: yo dominaría al Chac Mool, como se domina a un juguete; era, acaso, una prolongación de mi seguridad infantil; pero la niñez —¿quién lo dijo? — es
25 fruto comido por los años, y yo no me he dado cuenta... Ha tomado mi ropa, y se pone las batas cuando empieza a brotarle musgo verde. El Chac Mool está acostumbrado a que se le obedezca, por siempre, yo, que nunca he debido mandar, sólo puedo

[31] Tláloc: *the Aztec god of rain*
[32] todo...llaves: *he leaves the water running all day long*

doblegarme. Mientras no llueva —¿y su poder mágico? — vivirá colérico o irritable.»

«Hoy descubrí que en las noches el Chac Mool sale de la casa. Siempre, al obscurecer, canta una canción chirriona y anciana, más vieja que el canto mismo. 5 Luego, cesa. Toqué varias veces a su puerta, y cuando no me contestó, me atreví a entrar. La recámara, que no había vuelto a ver desde el día en que intentó atacarme la estatua, está en ruinas, y allí se concentra ese olor a incienso y sangre que ha permeado la casa. 10 Pero, detrás de la puerta, hay huesos: huesos de perros, de ratones y gatos. Esto es lo que roba en la noche el Chac Mool para sustentarse. Esto explica los ladridos espantosos de todas las madrugadas.»

«Febrero, seco. Chac Mool vigila cada paso mío; ha 15 hecho que telefonee a una fonda para que me traigan diariamente arroz con pollo. Pero lo sustraído de la oficina[33] ya se va a acabar. Sucedió lo inevitable: desde el día primero, cortaron el agua y la luz por falta de pago. Pero Chac ha descubierto una fuente 20 pública a dos cuadras de aquí; todos los días hago diez o doce viajes por agua, y él me observa desde la azotea. Dice que si intento huir me fulminará; también es Dios del Rayo. Lo que él no sabe es que estoy al tanto de[34] sus correrías nocturnas. . . Como 25 no hay luz, debo acostarme a las ocho. Ya debería estar acostumbrado al Chac Mool, pero hace poco, en la obscuridad, me topé con él en la escalera, sentí sus brazos helados, las escamas de su piel renovada, y quisé gritar. 30

---

[33] lo sustraído de la oficina: *the money taken from the office*
[34] estoy al tanto: *I'm aware*

«Si no llueve pronto, el Chac Mool va a convertirse en piedra otra vez. He notado su dificultad reciente para moverse; a veces se reclina durante horas, paralizado, y parece ser, de nuevo, un ídolo. Pero estos reposos sólo le dan nuevas fuerzas para vejarme, arañarme, como si pudiera arrancar algún líquido de mi carne. Ya no tienen lugar aquellos intermedios amables en que relataba viejos cuentos; creo notar un resentimiento concentrado. Ha habido otros indicios que me han puesto a pensar: se está acabando mi bodega; acaricia la seda de las batas; quiere que traiga una criada a la casa; me ha hecho enseñarle a usar jabón y lociones. Creo que el Chac Mool está cayendo en tentaciones humanas; incluso hay algo viejo en su cara que antes parecía eterna. Aquí puede estar mi salvación: si el Chac se humaniza, posiblemente todos sus siglos de vida se acumulen en un instante y caiga fulminado. Pero también, aquí, puede germinar mi muerte: el Chac no querrá que asista a su derrumbe, es posible que desee matarme.

«Hoy aprovecharé la excursión nocturna de Chac para huir. Me iré a Acapulco; veremos qué puede hacerse para adquirir trabajo, y esperar la muerte de Chac Mool: sí, se avecina; está canoso, abotagado. Necesito asolearme, nadar, recuperar fuerza. Me quedan cuatrocientos pesos. Iré a la Pensión Müller, que es barata y cómoda. Que se adueñe de todo el Chac Mool: a ver cuánto dura sin mis baldes de agua.»

Aquí termina el diario de Filiberto. No quise volver a pensar en su relato; dormí hasta Cuernavaca.[35] De

---

[35] Cuernavaca: *city to the southwest of Mexico City*

ahí a México pretendí dar coherencia al escrito,
relacionarlo con exceso de trabajo, con algún motivo
sicológico. Cuando a las nueve de la noche llegamos a
la terminal, aún no podía concebir la locura de mi
amigo. Contraté una camioneta para llevar el féretro a 5
casa de Filiberto y desde allí ordenar su entierro.

Antes de que pudiera introducir la llave en la
cerradura, la puerta se abrió. Apareció un indio
amarillo, en bata de casa, con bufanda. Su aspecto no
podía ser más repulsivo; despedía un olor a loción 10
barata; su cara, polveada, quería cubrir las arrugas;
tenía la boca embarrada de lápiz labial mal aplicado,
y el pelo daba la impresión de estar teñido.

—Perdone. . ., no sabía que Filiberto hubiera. . .

—No importa; lo sé todo. Dígale a los hombres que 15
lleven el cadáver al sótano.

## CUESTIONARIO

1. ¿Cómo murió Filiberto?
2. ¿Dónde pasó sus últimos días?
3. ¿Qué era "su nueva vida"?
4. ¿Por qué cubrieron el féretro de lonas?
5. ¿Por qué encontró el amigo un pasaje sólo de ida?
6. ¿Por qué decidió el amigo leer el diario?
7. ¿Por qué no quería Filiberto volver al café de su juventud?
8. ¿Por qué Filiberto no había tenido éxito en la vida?
9. ¿Qué aspecto del cristianismo se ha aceptado en México?
   ¿Qué aspecto se ignora? ¿Cuál es el resultado del
   cristianismo mexicano?

10. ¿Qué iba a buscar Filiberto en la Lagunilla?

11. ¿Qué pasó en la oficina que perturbó mucho a Filiberto? ¿Cómo reaccionaron los otros empleados?

12. ¿Creía Filiberto que el Chac Mool fuera verdadero?

13. ¿Qué le faltaba a Chac Mool en el sótano?

14. ¿Qué cosas extrañas empezaron a pasar en la casa?

15. ¿Qué pasó cuando Filiberto raspó el musgo del Chac Mool?

16. ¿Qué cambios ocurrieron en Filiberto?

17. ¿Qué descripción de la realidad dio Filiberto en su diario?

18. ¿Qué pasó la noche cuando Chac Mool entró en la recámara por primera vez?

19. ¿Por qué despidieron a Filiberto de la Secretaría?

20. ¿Cómo era la vida en casa con Chac Mool?

21. ¿Cómo logró escapar de casa Filiberto? ¿Cree Ud. que Chac Mool lo dejó escapar? ¿Por qué?

22. ¿Quién podría ser el indio que abrió la puerta?

23. ¿Por qué dijo que llevaran el cadaver al sótano?

24. ¿Qué ha pasado en realidad?

## PARA DISCUTIR Y ESCRIBIR

1. Escriba Ud. un párrafo sobre posibles explicaciones de lo ocurrido. Indique cuál le parece a Ud. mejor y por qué.

2. Discuta el simbolismo de sangre y agua en este cuento.

3. Dé una definición de la realidad basándola en este cuento.

4. Discuta la relación entre el México moderno y su pasado indio.

# SPANISH-ENGLISH
# VOCABULARY

The following elements have been omitted from this vocabulary:

days of the week
months of the year
numbers
proper names
very obvious cognates
regular adverbs (those that consist of the feminine form of the adjective plus **–mente**)
articles
pronouns
expressions translated in the footnotes

Verbs are listed in infinitive forms only.

Adjectives are listed in the masculine singular.

Gender is not listed for nouns ending in **–o, –a, –ción, –dad, –tud,** and the like unless they are irregular.

The following abbreviations have been used:

| | | | |
|---|---|---|---|
| *abbrev.* | abbreviation | *m.* | masculine |
| *adj.* | adjective | *n.* | noun |
| *adv.* | adverb | *neut.* | neuter |
| *art.* | article | *obj.* | object |
| *coll.* | colloquial | *p.p.* | past participle |
| *conj.* | conjunction | *pl.* | plural |
| *def.* | definite | *poss.* | possessive |
| *dem.* | demonstrative | *prep.* | preposition |
| *dir.* | direct | *pres. p.* | present participle |
| *f.* | feminine | *pron.* | pronoun |
| *fam.* | familiar | *reflex.* | reflexive |
| *indef.* | indefinite | *rel.* | relative |
| *ind.* | indirect | *sing.* | singular |
| *inf.* | infinitive | *subj.* | subjunctive |
| *lit.* | literary | *v.* | verb |

**a**

abajo: para — *down;* parte
de — *lower part*

abandonar *to leave, abandon;*
*to give up*

abarcar *to comprise, contain;*
*to consider*

abatido *discouraged*

abierto *open*

abismo *abyss*

abordaje m. *boarding*

abordar *to board*

aborrecer *to hate*

abotagarse *to become swollen*

abrasar *to burn*

abrazar *to embrace*

abrazo *embrace*

abrigar *to cover*

abrigo: al — de *sheltered*
*from*

abrir *to open, open up*

abrumar *to oppress*

abstraído *absent-minded*

abuelos *pl. grandparents*

abundar *to abound*

acá *here*

acabar *to consume; to end,*
*finish; to exhaust;* — de *to*
*have just;* — por *to end up*

acariciar *to touch lightly*

acaso *perhaps*

accidentado *perturbed*

acerca de *concerning*

acercar *to bring close;* —se
*to approach, come near*

aciago *unfortunate*

acomodar *to make comfort-*
*able*

aconsejar *to advise*

acordarse (de) (ue) *to remem-*
*ber*

acostarse (ue) *to go to bed*

actual *present*

acudir *to go*

acuerdo: de — con *in accor-*
*dance with*

acuñar *to coin*

adelantarse *to take the lead*

adelante *forward, ahead;*
de — *in front;* para — *for-*
*ward*

ademán m. *gesture*

además *besides;* — de *besides*

adentro *inside*

adherirse (ie) *to stick to*

adiós *good-bye*

adivinar *to perceive; to guess*

admitir *to accept*

adonde *conj. where;*
¿adónde? *where?*

adquirir *to acquire; obtain*

aduana *customs house*

aduanero *customs house*
*officer*

adujo *pret. of* aducir *to cite*

advenimiento *arrival*

advertir (ie) *to notice*

afable *kind*

afán m. *eagerness*

afecto *affection*

afición *fondness*

afilarse *get sharp*

afligirse *to worry*

aforismo *maxim*

afrontar *to protest*

afuera *outside*

agacharse *to bend over*

agarrar *to grasp, take hold*
*of, seize*

agitarse *to twitch*

agónico *adj. in agony;*
*dying*

agonizante *dying*
agostarse *to become parched*
agotado *exhausted*
agradable *pleasant*
agradecer (zc) *to thank*
agrandarse *to grow larger*
agreste *rustic*
agua *water*
aguantar *to tolerate*
agudeza *wit*
agudo *keen, sharp*
aguerrido *warrior-like*
agujero *hole*
ahí *there;* por — *all over*
ahora *now;* por — *at the present*
ahorcar *to hang oneself*
aire *m. air, countenance, look*
aislar *to isolate*
ajustar: — la cuerda *to tighten the belt (financially)*
ajusticiar *to put to death*
ala *wing; brim*
albañil *m. mason*
alcabala *excise tax*
alcabalero *tax collector*
alcanzar *to hand; to succeed; to attain*
alcaraván *stone curlew*
alcoba *bedroom*
aldea *small village*
alegre *merry*
alegría *joy*
alejandrino *alexandrine*
alemán *adj. and n. German*
algo *something*
alguien *someone*
algún, alguno *some, any;* alguno *pron. someone;* algún tiempo *sometime;*

alguna vez *sometimes;* en alguna parte *somewhere*
aliento *breath*
alimento *food*
alisar *to smooth out*
alistar *to get ready*
alma *soul, spirit*
almuerzo *lunch*
alojamiento *lodging*
alojarse *to take lodgings*
alquilar *to rent*
alrededor (de) *around*
alto *loud, high;* al — *up high;* de — a bajo *from top to bottom*
altura *height; summit (of mountains)*
alucinar *illusory*
alumbrado *lighting*
alumno *student*
allá *there;* — por *around;* más — *beyond*
allí *there*
ama *housekeeper*
amable *kind, nice*
amada *sweetheart*
amanecer *to wake up; to dawn*
amante *m. and f. lover*
amar *to love*
amargar *to make bitter*
amargo *bitter*
amargura *sorrow*
amarillo *yellow*
ambiente *m. atmosphere*
ambos *pl. both*
ameno *pleasant*
amigo *friend*
aminorar *to lessen*
amistad *friendship*
amo *master of a house*

amor *m.* *love*
amorío *love affair*
amotinado *pp. of* amotinar;
 *adj. mutinous, rebellious*
amplio *extensive*
ancianidad *old age*
anciano *elderly man; adj.*
 *old*
ancho *wide, large*
andamio *scaffold*
andar *to walk, move; to*
 *come;* ¡Ande! *go on!*
andén *m.* *platform*
anduvo *preterite of* andar
angosto *narrow*
angustia *anguish*
angustioso *full of anguish;*
 *distressed*
anhelar *to long for*
anhelo *yearning, desire*
ánimo *mind;* ir templando
 su — *to be brave*
anonimato *anonymity*
ansia *ardent desire*
ante *in the presence of, be-*
 *fore, in the face of*
antes *before;* — (de) que *be-*
 *fore;* cuanto — *as soon as*
 *possible*
antiguo *old*
antojo: en — *as a whim*
anular *to take away*
anunciar *to announce*
añadir *to add (to)*
año *year;* por los —s de
 *around the year;* todos los —s
 *every year*
apagar *to turn off; to extin-*
 *guish*
aparecer (zc) *to appear*
aparentar *to appear to*

apariencia *appearance*
apartado *isolated area*
aparte: — de *besides*
apellido *surname*
apenas *hardly, as soon as*
apiñarse *to throng*
aplastar *to crush*
aplicar *to apply*
apoyar *to lean against*
aprecio *esteem*
aprender *to learn*
apretar (ie) *to squeeze*
aprobar (ue) *to approve*
aprovechar *to take advantage*
 *of*
apuntación *annotation*
apuntar *to note*
apunte *m.* *note*
apurar *to hurry*
aquél, aquello *that, those;*
 aquél, aquéllo *the former*
aquí *here*
arañar *to scratch;* —se *to*
 *scratch oneself*
arañazo *slight scratch*
árbol *m.* *tree*
arcas *pl. coffers*
arco *bow; arch*
arcón *m.* *large chest*
ardiente: capilla — *lighted*
 *room where a dead body*
 *lies in state*
arena *sand*
arengar *to harangue*
arista *facet*
armadura *armor*
armar *to cause*
arte *m. and f.* *art*
artículo *article*
arrancar *to draw out*
arrastrar *to drag along;* —se

to drag oneself

¡Arrea! *hurry up!*

arreglar *to arrange; to repair; to settle*

arrepentirse *to repent*

arriba *high, up, upstairs*

arrimarse: — al sol que más calienta *to know on what side your bread is buttered*

arrojarse *to throw oneself*

arroz *m. rice*

arruga *wrinkle*

arruinar *to ruin*

asalariado *wage earner*

asaltar *to strike; to bring to mind*

ascender *to rise*

ascendiente *m. and f. ancestor*

asear *to clean, make neat*

asegurar *to assure, affirm, make sure of*

asentir *to agree; to affirm as true, concede*

asequible *attainable;* poco menos que — *somewhat less than attainable*

aserrín *m. sawdust*

asesino *murderer*

así *so, in this way;* algo — *something like that;* — que *so that;* no es — *it's not that way*

asiento *seat*

asignar *to assign*

asilo *asylum, sanctuary*

asimismo *adv. likewise*

asir *to grasp, catch; to hold*

asistir *to help, assist; to be present*

asolearse *to sun oneself*

asomar *to begin to appear*

asombrar *to astonish*

asombro *astonishment, surprise*

aspecto *appearance; aspect; feature*

asperges *m. pl. asperges, sprinkling of holy water*

aspirar (se) a *to aspire to*

astro *star*

asunto *matter, affair, business*

asustar *to frighten*

atacar *to attack, assail*

atar *to hitch*

atender a *to pay attention to*

atento *attentive, polite*

aterido *stiff with cold*

aterrorizado *terrified*

atlante *referring to Atlas Mountains*

atraer *to attract*

atrás *backwards, toward the back;* de — *in back* mirar para (hacia) — *to look back*

atraso *backwardness*

atravesar *to pass, cross over (into)*

atreverse a *to dare to, venture*

atrevido *n.m. bold person*

atrio *atrium, courtyard*

atropellar *to push through*

atroz *atrocious*

aturdir *to bewilder;* — se *to go crazy, become perturbed*

augusto *venerable, august*

aún *even, yet, still, nevertheless, however*

aunque *conj. although, however*

aurora *dawn*
autodidacta *m. one who is self-taught*
auxilio *help, assistance*
avanzado *progressive*
avanzar *to advance, move forward; to further*
avariento *miser*
avaro *m. miser*
avecinarse *to take up residence*
averiarse *to become damaged*
averiguar *to find out; to ascertain*
aviado *decked out, dressed*
avieso *perverse*
avisar *to inform, give notice*
ayer *adv. yesterday*
ayudar *to help, assist*
azar *m. fate; hazard*
azotea *flat roof of a house*
azteca *adj. and m. and f. Aztec*
azúcar *m. sugar*
azul *blue*

## b

bagatela *bagatelle, trifle*
bailar *to dance*
baile *m. dance*
bajar (se) *to fall; to descend, go down; to get off*
bajo *prep. under, below; adj. low;* planta baja *ground floor*
bala *bullet*
balde *m. bucket*
baldío *empty place or territory*
baldosa *tile*

banco *bank; bench*
bandido *bandit*
bando *edict, proclamation*
baño *bathroom*
barato *inexpensive, cheap*
barba *beard*
barco *ship*
barquinazo *violent swaying (of vehicle)*
barullo *tumult, confusion*
barras: pararse en — *regardless of obstacles*
barricada *barricade*
barriga *belly, stomach*
barro *mud, clay*
basado *based*
base *f. base*
basta: basta de + n. *enough of + n.*
bastante *enough, rather*
bastar *to be enough, sufficient*
bata *dressing gown, robe*
batalla *battle, fight*
beca *scholarship*
bellaco *sly, deceitful*
belleza *beauty*
bendito *blessed;* Dios sea — *bless God; m. blessed one*
beneficencia *goodness, beneficence*
benévolo *benevolent, kind*
besar *to kiss*
beso *kiss*
bestezuela *small animal, beast*
bestiario *bestiary (animal tales or allegories)*
biblioteca *library*
bien *adv. well, very, rather;* estar — *to be fine;* más — *rather*

bienaventurado *happy, blessed, successful;* n. *happy or fortunate person*

billete m. *bill, note*

birlar *to take away, dispossess*

bizco *cross-eyed*

blanco *white*

blancura *whiteness*

blandir *to brandish*

blando *gentle*

bloque m. *stone block*

boca *mouth*

bocanada *puff (of smoke)*

bodega *cellar, storeroom*

bofetada *blow, slap*

bola: — de cristal *marble*

boleto *ticket*

bolita *marble*

bolsillo *pocket; wallet, purse*

bomba *bomb*

bondad *goodness*

bonito *pretty*

borde m. *edge*

bordo: a — *on board*

borla *tassel;* gorrita de — *mortar board*

borrarse *to disappear*

bosque m. *forest*

bostezar *to yawn*

bota *boat*

bóveda *vault (for the dead)*

bravío *savage*

brazalete m. *bracelet, armlet*

brazo *arm*

breve *brief, short;* en — *shortly, in a little time*

brillar *to shine*

brillo *luster, shine*

brinco: dar un — *to jump, jerk*

brisa *breeze, cool air*

bromista m. and f. *practical joker*

brotar *to grow, germinate*

bruto *brutish, rough*

buen, bueno *good;* buena fama *good reputation;* de buena gana *willingly;* a buena hora *in good time;* adv. *all right*

bufanda *scarf*

buho *owl*

burgués *bourgeois*

burguesía *bourgeoisie*

burlarse *to mock, make fun of*

busca *search*

buscar *to look for, seek*

búsqueda *search*

## c

cabal *complete*

caballeresco *knightly*

caballero *gentleman*

caballo *horse*

cabello *hair*

caber: no cabe duda *there is no doubt*

cabeza *head*

cabida: a fin de darle — *so that I can make room for him*

cabizbajo *pensive*

cabo: al — *in the end;* al — de *at the end of;* al fin y al — *finally;* llevar a — *to complete, carry through with*

cacique m. *chief*

cacto *cactus*

cacharro *earthen pot*

cacho: —s de la lotería *pieces*

*of a lottery ticket*
cada  *each*
cadalso  *gallows*
caer  *to fall; to drip;* —se
*to fall down*
café m.  *coffee house*
caída: — de la tarde  *the close of the evening*
caja  *box*
calambre m.  *cramp*
calentar (ie)  *to heat*
cálido  *piquant*
calor m.  *heat*
callar  *to stop talking, be quiet*
calle f.  *street*
calleja  *small street, alley*
cama  *bed*
cámara  *chamber*
camarada m.  *companion*
cambiar  *to change; to exchange, to transfer*
cambio  *change;* a — de *in exchange for;* en — *on the other hand*
camello  *camel*
caminar  *to walk*
camino  *road*
camión m.  *bus*
camioneta  *light motorvan*
camisa  *shirt;* meterte en — de once varas *to meddle in other people's business*
camisola  *ruffled shirt*
campana: botas de — *boots with wide tops that fold over*
campeón m.  *champion*
campesino  *rural, countryman*
campo  *scope, field;* — santo *cemetery*

cana  *grey hair*
canasta  *basket*
canción  *song*
candoroso  *candid*
cano  *gray haired*
canoso  *gray haired*
cansado  *tired*
cansancio  *fatigue*
cansarse  *to get tired, be tired*
cantar  *to sing;* m. *song*
cántaro  *jug, bottle*
cantidad  *quantity*
cantinela  *repetition*
canto  *short poem*
caña  *sugar cane*
capa  *cape*
capacidad  *ability, capacity*
capacitar  *to enable*
capaz  *capable*
capilla: — ardiente *lighted room where a dead body lies in state*
capirote: tonto de — *a complete idiot*
capítulo  *chapter*
capote: para su — *to himself*
capricho  *whim*
captar  *to capture*
cara  *face*
caracol m.  *any spiral shell*
¡caramba! interj.  *good gracious!*
caramelo  *caramel*
carcajada  *guffaw*
cárcel f.  *jail*
cardenillo  *verdigris*
cardinal  *fundamental*
carecer  *to lack*
cargar  *to load; to carry;* —le

la cabeza *to fill up his head*
cargo *office, position;*
hacer — de *to take charge of*
caridad *charity*
cariño *affection*
cariñoso *affectionate, kind*
carne *meat*
carnicero *butcher*
carta *letter*
cartapacio *notebook*
cartera *wallet*
cartulina *Bristol-board*
carrera *career; road; race*
casa *house, home;* en — *at home*
casarse con *to marry*
casco *helmet*
caserón *m. large, ill-proportioned house*
casi *almost*
caso *case*
casquetón *m. big helmet*
casta *race, group of people*
castaño *chestnut*
castigar *to punish*
castigo *punishment*
castizo *pure*
catarata *waterfall*
cauce *m. channel, avenue*
caudal *capital, wealth*
caudaloso *having much water*
caudillo *leader*
causa: a — de *because of*
cautivador *captivating*
cavilar *to cavil, make objection*
cayendo *pres. part. of* caer
cazar *to hunt*
ceder *to give up*
cédula *decree*
ceja *eyebrow*

célebre *famous*
cena *dinner*
cenar *to dine*
centro *downtown*
cerca (de) *near;* de — *near*
cercano *close to*
certeza *certitude*
cerradura *lock*
cerrar (ie) *to close*
cesar *to cease, stop*
cicatriz *f. gash*
ciego *blind*
cielo *heaven, sky*
cierto *certain, true, sure;* no, por — *no, certainly not;* por — *certainly*
cigarrillo *cigarette*
cigarrito *cigarette*
cigarro *cigar*
cincelarse: ir — a ritmo distinto de *to develop a different style from*
cincuentón *quinquagenarian*
cincho *belt*
cine *m. cinema*
cintura *waist*
circo *circus*
circular *to travel*
círculo *circle*
cita *appointment*
citar *to cite*
ciudad *city*
ciudadano *citizen*
clamar *to cry*
claro *clear;* ¡claro! *of course, naturally*
clase *f. kind, type, class*
clavar *to stick; to nail;* — los ojos *to stare*
clima *m. climate*
coágulo: hecho un — *turned*

into a blood clot
cobrar  to collect the fares
cobrizo  coppery
cocina  kitchen
cocinar  to cook
coco  coco; coconut; coconut tree
codo  elbow
coger  to pick up
coincidir  to concur
cola  tail, line
coladera  sewer, drain
colarse  to leak into; to sneak
 into
colegio  school
colérico  angry
colmo: para — de males  to
 top it all
colocar  to place; —se to
 station oneself
colcha  quilt
comarca  boundary
comenzar (ie)  to begin
comer  to eat
comerciante m.  merchant
cometer  to commit
comicidad  comical nature
comida  food
comienzo  beginning
como adv. and conj.  like, a
 as (a), how, why, since;
 ¿cómo? how? why? como
 a las ocho cuadras after about
 eight blocks; ¡cómo lo siento!
 How sorry I am! tanto por +
 n. — por + n. as much for +
 n. as for + n.
cómodo  comfortable
compadecer  to pity; com-
 padecido de in sympathy
 with

compaña coll.  company
compañero  companion
comparación  comparison
comparar  to compare
competente  adequate
complacencia  apathy
complacerse en  to be content with
complejo  complex
complejidad  complexity
completo: por —  completely
comprar  to buy
comprender  to understand;
 to comprise
comprensión  comprehension
comprensivo  comprehensive
comprometedor: acto —  act
 of commitment
comprometer  to find
común  common
con  with; — dirección in the
 direction
concebible  conceivable
concebir  to create; to com-
 prehend
concentrar  to concentrate
conciencia  conscience
concluir  to end
concurrir  to frequent
conducir  to lead; to trans-
 port
conformarse con  to content
 oneself with, be satisfied
 with; de buen conformar
 good-natured
conforme: — a  according to
conmigo  with me
conmovedor  moving
conmover  to agitate
conocer  to know; to observe
conocido  well-known; m.

aquaintance
conocimiento  knowledge
conquista  conquest
conquistar  to conquer; to claim
consciente  conscious
conseguir  to succeed
consejero  adviser
consejo  advice
conservador  conservative
conservadorismo  conservatism
consignar  to state
consiguiente  consequent
consolar  to console
constancia  perseverance
constar  to be composed of
constituído: estar — por  to be constituted of
construir  to construct
consuelo  consolation
contar  to tell
contener  to contain
contenido  contents
contestación  answer
contestar  to respond, answer
contorno  contour
contra  against; — reembolso collect on delivery; en — de in opposition to, against
contraer  to contract; — matrimonio to marry
contrapunto  counterpoint, harmony
contraria  contrariness, perverseness
contrario  opposite; por el — on the contrary
contratar  to get; to contract
convencer  to convince
convenir  to suit; — convenir en to agree about
convertirse en  to become transformed into
convidar  to invite
convoy m.  train
copla  couplet
coraza  cuirass
corazón m.  heart
corcho  cork
corderito  little lamb
cordón m.  line (of people)
corona  crown
cortar  to cut off; to tear
corte f.  court
cortesía  courtesy, politeness
corto  short
corralón m.  large yard
corregidor m.  magistrate
correr  to run
correría  escapade
corrida  bullfight
corrido  fired; de — fluently
corriente f.  current; adj. recent, current
cosa  thing
coser  to sew
costado  side
costar  to cost; to cause harm
costilla  rib; hacer sarcasmos a mis —s to make sarcastic remarks at my expense
costumbristo  dealing with social customs
cotidiano  daily, day-to-day
creador  creative
crear  to create
crecer  to grow
creencia  belief
creer  to believe, think
creyente m.  believer
criado  servant

cristal *m.* *lens; pane of glass;*
  bola de — *marble*
cromo *chrome; stamp, card*
cronopios *imaginary charac-*
  *ters in a short story by Cor-*
  *tázar*
crujir *to creak, squeak*
cruzar *to cross*
cuaderno *notebook*
cuadra *block;* en media — *in*
  *the middle of the block*
cuadrado *square*
cuadriculado *squared*
cuadro *picture*
cual *rel. pron.* *which, what,*
  *who*
cualquier *pron.* *any*
cualquiera *whoever, which-*
  *ever*
cuando *when*
cuantioso *numerous*
cuanto *however, how much,*
  *how many;* — antes *as soon*
  *as possible;* — más *moreover,*
  *the more, all the more;* en — a
  *with regard to*
cuarto *fourth; m. room*
cubierto *p. of* cubrir; a — de
  *in danger of, within the*
  *reach of*
cubrir *to cover; to cover up*
cuello *neck*
cuenta: darse — *to realize,*
  tomar en — *to take into*
  *account*
cuentas *f.pl.* *arithmetic*
cuentista *m.* *storyteller*
cuento *story, tale*
cuerda *cord*
cuero *leather*
cuerpo *body*

cuestas: a — de *on one's back*
cuestión *issue*
cuidado *attention, care;*
  tener — *to be careful*
cumbre *adj.* *best, peak,*
  *major*
cumplir *to carry out;* — años
  *to be + number + years old;*
  — con *to fulfill*
cura *m.* *priest*
curación *cure*
cursar: — el mar bravío *to*
  *wage battle against the savage*
  *sea*
cuyo *whose, of which*

## ch

chancla *shoe*
charco *puddle*
charlar *to talk*
chicha: calma — *dead calm*
chicle *m.* *chewing gum*
chico *boy*
chillo *squeal*
chinazo *idiot*
chino *chinaman*
chirriono *squeaky, high*
  *pitched*
chispita *little spark*
chofer *m.* *chauffeur*
chorizo *sausage*
choucrout *sauerkraut*

## d

dádiva *gift*
¡dale! *darn him!*
dama *lady*
damasco *damask*

dar  *to give;* a donde fueron
a — *what happened to;* —
a *to face;* — fin a *to make
an end to;* — un paso *to take
a step;* — (una) vuelta *to turn
around, to take a walk;* —se
cuenta de *to realize;* —se de
golpes *to come to blows;* la
cabeza fue a — allá *the head
ended up over there;* no sé
que me daría *I don't know
what it would do to me*

debajo de *prep.  below, under*

deber  *to be obliged, to have
to, ought, must; to owe* debe
de haber *there must be;* debe
ser *it must be; m. duty*

debido *p.p. of* deber; *adj.
exact, precise*

débil  *weak*

decidir  *to decide*

décimo  *tenth*

decir  *to say, tell;* querer —
*to mean*

declinar  *to degenerate*

decoración  *theatrical scenery*

dedo  *finger;* meter los —s en
el pasado *to delve into the
past*

deforme  *deformed*

dejar  *to leave; to cease, leave
off, to abandon*

delante de  *in front of*

delantero  *in front*

delatar  *to inform against; to
reveal*

delgado  *thin*

demás: los — *the others*

demasiado *adj.  too; adv. too
much*

demorar  *to delay; to take
(time)*

demostrar  *to demonstrate,
show*

dentro  *inside;* — de *within*

denuesto  *railing, foul abuse*

depender de  *to depend on*

depositar  *to deposit; to
place*

derecho  *law; right; adj.
straight; adv. directly;*
hecho y — *fully developed;*
ir — (a) *to go directly (to)*

derivar  *to derive;* —se (de)
*to be derived, come from*

derramar  *to pour; to shed*

derretir (i)  *to melt;* —se
*to melt, liquefy*

derrumbe *m.  downfall; col-
lapse*

desaforado  *disorderly; out-
rageous*

desagrado  *displeasure*

desalentado  *discouraged*

desaparecer (zc)  *to disappear*

desaparición  *disappearance*

desarmar  *to take apart; to
dismount*

desarrollar  *to develop;* —se
*to develop, grow*

desasosiego  *restlessness, un-
easiness*

desatar  *to untie, loosen*

desayuno  *breakfast*

desazón *f.  disgust; restlessness*

desbordar  *to overflow, inundate*

descabellado  *absurd; illogical*

descalzo *adj.  barefooted*

descansar  *to rest*

descarriado *adj.  misguided,
stray*

descender (ie) *to descend; to get off*

descomponer *to destroy;* —se *to be indisposed*

descompuesto *p.p. of* descomponer

desconcertado *confused, baffled*

desconocido *unknown, strange*

descontento *discontent*

descortés *impolite*

descreído *adj. incredulous*

describir *to describe*

descubierto *p.p. of* descubrir

descubrimiento *discovery*

descubrir *to discover; to reveal;* —se *to be discovered*

descuento *discount; deduction*

desde *prep. from (of place); since (of time);* — allí *thence, from there;* — que *since, ever since*

desear *to desire, wish for; to want*

desechado *adj. rejected; discarded*

desempeñar *to carry out; to play (a role)*

desenlace *m. end, conclusion*

deseo *wish, desire*

desesperado *desperate; furious*

desesperar *to despair*

desfigurado *disfigured, deformed; disguised*

desfilar *to defile; to march past in a review*

desgañitarse *coll. to shriek, scream, bawl*

deshacer *to undo;* —se (de)

*to get rid (of)*

desierto *adj. deserted, solitary; n. desert*

desjarretar *to hamstring; to cripple; coll. to weaken*

desleal *disloyal*

deslucido *unadorned; ungraceful*

desmandar *to repeal an ordinance;* —se *to go astray*

desmejorado *adj. decayed*

desocupado *vacant, empty*

desorden *m. disorder, confusion; riot*

desordenado *adj. disordered, irregular*

despacio *adv. slowly*

despechado *displeased, offended; sad*

despedida *farewell; dismissal*

despedir (i) *to emit; to discharge from;* —se (de) *to say good-bye (to); to quit*

despegar *to unglue; to break away;* —se *to break away*

despertar (ie) *to wake, awaken;* —se *to wake up; n. awakening*

desplegar (se) (ie) *to unfold*

despojar *to strip, despoil of property*

desprendido *adj. loose, unfastened*

después *adv. after, later; then;* — de *after;* — que *after*

destacado *adj. outstanding*

destacar *to emphasize;* —se *to stand out, excel*

destello *flash, sparkle*

desterrar (ie) *to do away*

destino *destination; destiny,*

fate

destituir (y)  *to deprive; to
dismiss from office*

destripar  *to crush, smash;
coll. to interrupt and spoil*

destruir (y)  *to destroy*

desvaído adj.  *dull (of colors)*

desvalido  *helpless, destitute*

desvanecimiento  *fading,
disappearance*

desventura  *misfortune*

detallado  *detailed*

detalle m.  *detail*

detener  *to stop;* —se *to stop,
pause*

deterioro  *deterioration,
damage*

determinado  *specific*

determinante adj.  *deciding,
determining*

detrás adv.  *behind, back;
— de behind, at the back of;
por — behind one's back,
from behind*

deudo  *relative*

devanar: —se los sesos  *to
rack one's brains*

devolver (ue)  *to return*

devoto adj.  *devout, religious;
n. devotee*

día m.  *day;* al — siguiente
*the next day;* dentro de unos
—s *in a few days;* el — anterior *the previous day, the
day before;* el — de mañana
*in the future;* hoy en — *at
the present time;* todo el
santo — *coll. the whole
blessed day;* todos los —s
*everyday*

diablo  *devil*

diálogo  *dialogue*

diario adj.  *daily; n. diary;
newspaper*

diciendo pres. p. of decir

dictamen m.  *judgment*

dictar  *to dictate; to prescribe*

dicho p.p. of decir

dichoso adj.  *happy; lucky*

diente m.  *tooth*

diestro adj.  *right;* a — y
siniestro *from side to side,
to and fro*

diezmo n.  *tenth part; duty
of 10 per cent*

diferenciar  *to differentiate;
—se to distinguish oneself*

difícil  *difficult, hard*

difunto  *dead person*

digno  *worthy*

diligencia  *stage coach*

diluir (y)  *to dilute*

diluvio  *flood*

dinero  *money*

Dios  *God;* ¡—mío! *My God!;*
¡Santo —! *Holy cow!*

dirigente m.  *leader*

dirigir (j)  *to direct, guide;
—se (a) to address*

disculpa  *excuse, apology*

discursillo *diminutive of
discurso*

discurso  *speech; talk*

discutir  *to discuss*

disfraz m.  *disguise, mask*

disfrazar  *to disguise;* —se *to
disguise oneself, masquerade*

disimuladamente  *secretly,
furtively*

disminuir (y)  *to diminish,
reduce*

disolver (ue) *to dissolve;*
—se *to be melted; fig. to
disappear*
dispuesto *p.p. of* disponer;
*adj. ready (to)*
distinguir *to distinguish; to
see clearly*
distinto *different*
distraído *inattentive, careless*
distrito *district*
divertido *amusing, enter-
taining*
divertir (ie) *to amuse, entertain*
dividido *adj. divided*
doblar *to fold; to double,
duplicate*
doblegar *to dissuade; to
bend;* —se *to give in, yield*
doctrina *doctrine; catechism*
dolencia *pain; illness*
doler (ue) *to hurt, feel pain*
doliente *m. and f. patient,
sick person*
dolor *m. pain; grief, anguish*
dolorido *adj. sore; tender*
dominar *to dominate*
dominio *domain; territory;
mastery*
don *Mister (a Spanish title
used before the Christian
names of men)*
doncel *m. king's page; chaste
youth*
donde *adv. where, in which,
to which; de* — *from where;
por* — *through which, where*
doña *Mrs. (a title used before
the Christian names of wo-
men)*
dorado *adj. golden; gilt*

dormir (ue) *to sleep;* estar
medio dormido *to be half
asleep;* hacerse el dormido
*to pretend to be sleeping;*
— siesta *to take a nap*
dote *m. and f. dowry;* —s
*f.pl. gifts, talents*
drama *m. play, drama*
duda *doubt;* no cabe — *there
is no doubt*
dudar *to doubt*
dudoso *adj. doubtful, uncer-
tain; hesitating*
dueño *owner, master*
duradero *adj. lasting*
durante *adv. during;* — algún
tiempo *for some time;* —
horas *for hours*
durar *to last*
durmiendo *pres.p. of* dormir
duro *hard, solid; harsh, cruel*

### e

ecónomo *n. guardian; ad-
mistrator*
ecuatorial *adj. equatorial*
echar *to throw;* — a + inf. *to
start + pres.p.;* — mano (de)
*to seize, get hold (of)*
edad *f. age;* — de oro *golden
age*
edición *edition, publication*
edificio *building*
efectivo *adj. effective; true,
actual, real*
efecto *effect*
efectuar *to carry out; to per-
form*
eficacia *efficiency*
efímero *ephemeral*

egoísmo *selfishness*

eje *m.* *axis; axle*

ejecutivo *executive*

ejemplar *adj.* *exemplary; m. model; example*

ejemplo *example;* por — *for instance*

ejercicio *exercise*

ejército *army*

elaborar *to elaborate; to prepare*

elegir (i, j) *to choose*

elemental *elemental; very simple*

elementalidad *that which is basic*

elevar *to raise*

embalsamado *adj.* *embalmed*

embarazar *to obstruct*

embargo: sin — *however; nevertheless*

embarque *m.* *shipment*

embarrar *to smear, daub*

embelesar *to enchant, enrapture*

embestir (i) *to attack*

embolado *adj.* *impotent; n. an ineffectual person*

empapar *to soak*

empellón *m.* *push*

empeñarse *to persist, insist*

empeño *determination; constancy; contract*

empezar (ie) *to start, begin;* — a + *inf. to start* + *pres.p.*

empleado *employee*

emplear *to use, employ*

empleo *job, employment*

empolvado *adj.* *covered with dust*

emprender *to undertake*

empresa *enterprise; undertaking; intention*

empujar *to push*

enajenación *alienation*

enamorado *adj.* *in love*

encabezar *to lead, head*

encaje *m.* *lace*

encaminar *to guide, show the way;* —se a *to take the road to; to be on the way to*

encantamiento *enchantment; incantation*

encapricharse *to become stubborn or obstinate*

encargar *to ask, request;* —se de *to take charge of*

encarnación *incarnation*

encarnado *adj.* *flesh colored, ruddy*

encarnar *to incarnate; to embody*

encender (ie) *to turn on*

encerrar (ie) *to lock up; figurative to include, contain*

encima *adv.* *above, on top;* por — de *over*

encoger: —se de hombros *to shrug one's shoulders*

encontrar (ue) *to meet; to find;* —se *to be, be found, find oneself*

encuentro *encounter, meeting*

endulzar *to sweeten*

endurecer (zc) *to harden*

enemigo *enemy*

energía *energy*

enérgico *energetic, vigorous*

enervar *to enervate; to weaken*

enfermar *to get sick*

enfermedad  *sickness, disease*

enfermo  *sick person; adj. sick*

enfrentar (se)  *to face*

enfriar  *to cool; to grow cold*

engañar  *to deceive, mislead*

engaño  *deceit, fraud*

engañoso  *deceitful, false*

enjugar  *to dry, wipe;* —se *to dry, wipe*

enlazar  *to link, bind*

enmascarado  *masked*

enmohecido  *rusty; mouldy*

enojarse  *to get angry*

enriquecer (zc)  *to enrich;* —se *to become rich*

ensayista m.  *essayist*

ensayo  *essay*

enseñar  *to teach*

ensombrecer (zc)  *to darken*

entender (ie)  *to understand;* mal entendido *misunderstanding*

enterar  *to inform;* —se *to find out, learn;* estar enterado *to be informed, know*

entero  *entire, complete, whole*

enterrar (ie)  *to bury*

entierro  *funeral, burial*

entonces adv.  *then, at that time;* por — *at the time, by then*

entrada  *entrance, entry; gate;* — libre *free admission;* horas de — y salida *entrance and exit times*

entrambos  *both*

entrar  *to enter, go in, come in; to begin*

entre prep.  *among, between;* — nosotros mismos *among*

ourselves;* — (socarrón) y (formal) *half (mockingly) and half (seriously)*

entreabrir  *to half open, set ajar*

entrecejo  *space between the eyebrows*

entregar  *to deliver, hand over;* —se *to abandon oneself to*

entrenamiento  *training*

entretener  *to entertain*

envejecer (zc)  *to grow old*

enviado  *messenger*

enviar  *to send*

envidia  *envy*

envolver (ue)  *to wrap, bundle*

época  *epoch, age; time;* — actual *present time*

equivaler  *to be equivalent*

equívoco  *mistake; misunderstanding*

erguido  *straight, erect*

erigir (j)  *to build; to establish;* —se *to be established*

errante adj.  *wandering; errant*

esa adj.  *that;* ésa pron. *that one, that person; the former*

escala  *stop, stopover;* un viaje sin —s *a direct trip*

escalafón m.  *army register; list of persons ranked by grade or seniority*

escalera  *ladder; stairway*

escama  *scale*

escapar  *to escape; to run away;* —se *to run away, flee*

escarcha  *frost*

escena  *scene, scenery; stage*

esclavo  *slave*

escoger (j)  *to choose*

esconder  *to hide*

escondite *m.*  *hiding place*

escribiente *m.*  *clerk*

escribir  *to write;* pluma de —
*pen*

escrito *p.p. of* escribir; *n.*
*writing; literary composition*

escritor *m.*  *writer*

escritorio  *desk; study*

escritura  *writing, hand*
*writing*

escuchar  *to listen; to hear*

escudriñar  *to examine*

escuela  *school*

escultura  *sculpture*

ese *adj.*  *that;* ése *pron.* *that*
*one; the former*

esencia  *essence*

esforzarse (ue)  *to try hard*

esfuerzo  *effort; courage*

eso *neutral pron.*  *that;* a —
de + *(expression of time) at*
*about + (expression of time);*
por — *because of that*

espada  *sword*

espadón *m.*  *large sword*

espalda  *back;* volver la — *to*
*turn one's back*

espantarse  *to be frightened*

espanto  *fright, terror*

espantoso  *fearful*

espátula  *spatula*

especie  *kind, sort*

espejismo  *illusion; mirage*

espejo  *mirror*

espera  *wait; stop*

esperanza  *hope*

esperar  *to wait (for); to ex-*
*pect; to hope*

esperpento  *ugly thing, non-*
*sense*

espeso  *thick, dense*

espía *m. and f.*  *spy*

espíritu *m.*  *spirit; soul;*
*strength, energy*

esposa  *wife*

esquela  *note, short letter*

esquilmar  *to impoverish*

esquina  *corner*

esta *adj.*  *this;* ésta *pron.. this*
*one; the latter;* — noche *to-*
*night;* — vez *this time*

establecer (zc)  *to establish,*
*fix;* —se *to settle oneself in*
*a place*

establecimiento  *establish-*
*ment; store; institution*

estación  *station; stop; season*

estado  *condition, situation;*
*state, nation*

estallar  *to explode; (figura-*
*tive) to break out*

estancia  *stay, detention;*
*ranch*

estanco  *place where govern-*
*ment monopolized goods are*
*sold*

estar  *to be;* — a punto de +
*inf. to be just about + inf.;*
— al tanto de *to be informed*
*of; to be up to date;* — con
los nervios de punta *to have*
*the nerves on edge;* — descompuesto *to be indisposed;*
— en limpio *to be a clean*
*copy;* — enterado *to be in-*
*formed, know*

estatua  *statue; carved figure*

estatuilla  *small statue*

este *adj.*  *this;* éste *pron. this*
*one; the latter*

estética  *aesthetics*

estético *adj.* *aesthetic*
estilo *style; fashion*
estirar *to stretch out*
esto *pron.* *this one; the latter;* por — *for this reason; this is why*
estómago *stomach*
estrago *damage; ravage*
estrangular *to strangle, choke*
estrecho *narrow; intimate;* mente estrecha *narrow mind*
estrella *star*
estremecedor *frightful, terrifying; disturbing*
estremecerse (zc) *to shake, shudder*
estrenar *to use, wear or do something for the first time; to inaugurate*
estrépito *deafening noise*
estribar (en) *to be based on*
estridente *strident, shrill*
estrofa *stanza*
estructura *structure*
estudiar *to study*
estudio *study; investigation*
estupefacto *stupefied, petrified*
etapa *stage; period*
eterno *eternal, endless, everlasting*
evadir *to escape, evade;* —se *to escape, flee*
evangélico *evangelical*
evangelio *gospel*
evitar *to avoid*
evocar *to call out, evoke*
exactitud *accuracy; punctuality*
exagerado *exaggerated, overstated*

examen *m.* *examination; interrogatory*
exasperado *irritated, exasperated*
exceso *surplus; excess*
excitación *excitement*
exclamar *to cry out, exclaim*
excluir (y) *to exclude*
existencia *existance, life*
existir *to exist, be*
éxito *success; result;* tener — *to be successful*
expedición *expedition; despatchment; ussuance*
expediente *m.* *file of papers bearing on a case; expedient*
expedir (i) *to send; to issue*
expender *to sell by retail; to expend*
expenduría *retail shop where tobacco or other monopolized goods are sold*
expensas: a — *at the expense of*
experimentador *experimenter*
experimentar *to experience*
explicación *explanation*
explicar *to explain*
exponer *to expose; to explain*
expósito *foundling*
expresar *to state, express;* —se *to be expressed, manifested*
exprimir *to squeeze out*
expuesto *p.p.* of exponer; *adj.* *exposed; in danger*
extender (se) (ie) *to extend, stretch out*
extenso *extensive, ample,*

spacious

exterioridad *outward appearance; ostentation*

extracción *origin, descent*

extranjero *foreign; n. foreigner; foreign countries; al —abroad*

extrañar *to wonder at*

extraño *strange; foreign; rare*

extremidad *end, extremity*

extremo: en — *extremely*

## f

fabricar *to build, construct*

fábula *fable*

fácil *easy*

facilitar *to facilitate, expedite*

facultad *faculty; power, authority*

faena *work, labor*

falso *false, deceitful; unreal*

falta *lack, absence; hacer —to be necessary, missing*

faltar *to lack, need; to be lacking, missing*

fallecimiento *death, decease*

fama *fame; reputation*

famoso *famous, renowned; coll. great, excellent*

fantasma *m. ghost, vision, spectre*

fantástico *imaginary, unreal, fantastic*

fardo *bundle, package*

farsa *farce*

fatiga *fatigue; anxiety, hard labor*

fatigar *to tire, fatigue*

favor *m. favor; por — please*

fecha *date*

feliz *happy*

feo *ugly, homely*

féretro *coffin*

feria *fair, market*

ferrocarril *m. railroad*

ferrocarrilero *railroad employee*

ferroviario *adj. pertaining to railways*

ficticio *fictitious, fabulous*

fiel *adj. faithful; loyal*

fierro *iron*

fiesta *holiday, festivity, entertainment*

figura *figure, form; face; picture*

figurar *to figure; to represent; —se to imagine, fancy*

fijación *fixation; stability*

fijar *to fix; to establish; —se to pay attention to*

fijo *adj. fixed, permanent*

fila *line, row; rank*

filosofar *to philosophize; coll. to muse*

fin *m. end; purpose; a — de + inf. in order + inf.; al — at last; con el — de + inf. in order + inf., with the purpose of + pres.p.; dar — a to finish; en — finally; — de semana weekend*

finado *dead person*

final *n. end, conclusion; adj. ultimate, final; al — finally; at (toward) the end*

finalizar *to finish, end*

firma *signature*

físico *physical; n. physicist*

flaco *adj. thin, skinny; la*

flaca *n. fam. personification of death*

flamante *adj. brand new; resplendent, shiny*

flamígero *adj. emitting flame*

flámula *pennant, small flag*

flor *f. flower*

flotante *adj. floating*

fluidez *f. fluency; fluidity*

fluir *m. flow; v. to flow, run*

foco *light bulb; spotlight*

fogoso *vehement, lively; spirited*

folleto *booklet, pamphlet*

fomentar *to favor, foment*

fonda *inn; lodging house*

fondo *background; rear, back; depth; bottom; a — in depth, thoroughly*

forastero *guest, visitor, stranger*

forjar *to forge; to form; to make*

forma *form, shape; way, manner*

formar *to form; to shape; to educate, develop*

formidable *adj. tremendous; coll. great, terrific*

fornido *robust, corpulent*

forro *lining*

fortaleza *fortress*

fortuna *fortune, fate;* por — *luckily*

forzado *forced, compelled*

fosa *grave; pit*

frac *m. dress coat; formal jacket with tails*

fracaso *failure*

francés *adj. and n. French*

franco *adj. honest, frank, open; n. Frank, French*

frase *f. phrase; expression; sentence*

frecuencia *frequency*

frente *f. forehead; m. front; — a in front of;* hacer — *to confront, put face to face*

fresco *adj. fresh, cool; n. cool, fresh air*

frescura *freshness, coolness*

frío *cold*

frisar *to approach, be near*

fruncir (z) *to wrinkle, furrow; — el entrecejo to frown*

fruto *fruit; product of man's intellect or labor*

fuego *fire*

fuente *f. fountain; source*

fuera *adv. outside*

fuerte *adj. strong; heavy*

fuerza *force, strength; a — de by dint of; a la — coll. by force; necessarily*

fulminar *to strike dead (lightning); fig. to cause violent death*

fumar *to smoke*

función *show, spectacle*

funcionario *public employee, officer or official*

fundar *to base, ground; to found, build; —se to be based on*

fúnebre *mournful, somber*

furioso *furious, violent*

furor *m. fury, anger, rage*

futuro *future; adj. future*

# g

gacho *drooping;* con las orejas gachas *embarrassed;*

discouraged (literally, with
drooping ears)

gafas  spectacles, glasses

galería  gallery; collection

gallego adj.  language spoken
in Galicia; Galician

gamuza  chamois skin (soft
leather made from the skin
of sheep, goats, deer, and so
on)

gana  desire, appetite; de
buena — willingly, with pleasure; tener —s de + inf. to
feel like + pres.p.

ganar  to win, gain; —se la
vida to earn one's living

garbanzo  chickpea

garrafón m.  large decanter

gastar  to spend; to waste;
to use; —se to wear out

gasto  expenditure, expense

gato  cat

género  (grammatical) gender;
cloth; (art) genre

generoso  generous, noble

genio  genius; nature

gente f.  people

gentilhombre: — de cámara
lord of the bedchamber

germinar  to bud, germinate

gesto  gesture, grimace

girar  to send; to rotate; to
draw

giro  draft; turn; turn of
phrase

gis m.  crayon, chalk

gloria  glory; paradise; bliss

glorioso  glorious, celebrated

gobierno  government; office,
term of a governor

golosina  sweet; desire, appe-

tite; Adán antes de la golosina
Adam before he ate the forbidden apple

golpe m.  blow, hit; knock;
beat; de — suddenly

golpear  to hit; to knock; to
beat

gollería  delicacy; superfluous
thing

goma  gum; rubber

gordo  fat

gorguera  lace ruff used
around the neck

gorrito  small gorro

gorro  cap; bonnet

gota  drop

gozar  to enjoy; to possess,
have

grabado n.  engraving; print

gracias  thanks; dar — to thank

gracioso  funny; ridiculous

grado  rank; degree; mal de mi
(tu, su) grado unwillingly

graduarse  to graduate

gran, grande  large, big; great,
grand

granadero  grenadier

gravamen m.  charge; mortage

grave  serious

griego adj. and n.   Greek

gris adj.  gray

gritar  to shout, cry

grito  shout, cry

grotesco  grotesque

grupo  group, bunch

gruta  grotto, cavern

guante m.  glove

guarda m.  guard; conductor,
ticket collector

guardar  to keep; to store

guardagujas m.  switchman

guardia f. guard, body of
guards; m. guard, guardsman;
de — on (guard) duty

guasón m. joker, jester

guerra war

guerrero warrior

guía m. and f. guide; f. direc-
tory

guinche m. capstan; crane

guindilla coll. police officer

guiño wink

guisar to cook

gustar to taste; to experience;
to please; —le a uno una cosa
to like something; — de to be
fond of

gusto pleasure; whim; taste,
fashion; con — with pleasure;
tener — en to take pleasure
in, to be glad to

## h

haber to have (auxiliary); to
own, possess; — de + inf.
must + v.; to be + inf.; to be,
exist (used as an impersonal
verb, only in the third person singular); — que + inf.
to have + inf.; to be necessary + inf.

habitante m. inhabitant

hábito dress, habit; custom

hablar to speak; to talk; —
por — to talk for the sake of
talking

hacer to make, do; —se to
pretend; to become; to grow,
get to be; — + inf. to cause,
order; — caso de to pay
attention to; — (el papel) de

+ n. to play the part of + n.;
— falta to be necessary; —
frente to face; — sol to be
sunny; —se cargo de to take
charge of; hace + expression
of time (expression of time)
+ ago

hacia prep. toward; about;
— adelante foreward; — atrás
backward

hacienda estate; treasury;
large farm

halagar to flatter

hallar to find, discover; —se
to be, find oneself

hasta prep. up to, as far as,
to; until, till; adv. even; —
que conj. until; — luego so
long for now

hay impersonal form of haber
there is

hazaña deed, exploit

hecho p.p. of hacer; n. fact,
event; deed, act; de — in fact;
undoubtedly; — y derecho
fully developed

hedor m. stink; stench

helado ice cream

herencia inheritance

herido adj. wounded

hermano brother; — lego
lay brother (of a religious
order)

hermético adj. hermetical;
(figurative) impenetrable

hermetismo impenetrability;
obscurity

hermoso adj. beautiful

héroe m. hero

hija daughter

hijito dim. of hijo; — mío coll.

my dear child
hijo  son; —s sons; children
hilo  thread
hilvanar  to baste
himno  hymn
hipérbole f.  hyperbole
hiperbólico adj.  exaggerated
historia  history; story, tale
historiador m.  historian
historieta  comic strip; comic
  magazine
hogar m.  home
hoja  leaf
hojear  to turn the leaves of
  a book; to skim
¡hola! fam.  hello!; hi!
hombre m.  man; mankind
hombro  shoulder; encogerse
  de —s to shrug one's shoulders
hondo  deep
honrado adj.  honest
honrar  to honor
hora  hour; time; durante —s
  for hours
horizonte m.  horizon
hormiga  ant
horno  oven, furnace
hoy  today; the present time;
  hasta — up till now; — en día
  nowadays, at the present
  time
hoyo  hole; pit; grave
huacal (= guacal) m.  crate
  (for transporting fruit, vege-
  tables, and so on)
hueco  hollow; gap
hueso  bone
huevo  egg
huir (y)  to flee, escape
humedad  dampness

humilde adj.  humble, modest
humo  smoke
humor m.  humor; mood,
  disposition
humorismo  humor, humorous
  style
humorístico adj.  humorous
hundir  to sink, submerge

## i

ida  departure; pasaje de —
  one-way ticket; pasaje de — y
  vuelta round trip ticket
identificar  to identify
idilio  idyl; romance, love
  affair
ido p.p. of ir
iglesia  church
ignorar  to be ignorant of; to
  ignore
igual adj.  equal, similar;
  same; — que the same as;
  por — equally
iluminado adj.  enlightened;
  illuminated
ilusión  illusion, fancy; dream
ilusionar  to cause illusion; to
  fascinate
ilusorio  illusory, imaginary
imagen f.  image, figure; statue; (rhetorical) image (metaphor, simile)
imaginar  to imagine; —se
  to imagine, fancy; to suppose
imitar  to imitate
impaciencia: con — impa-
  tiently
impacientar  to irritate; —se
  to lose patience

impedir (i)  *to impede, pre-*
*vent, obstruct; to restrain*
imponer  *to impose*
importancia  *importance;*
*significance;* de (suma) importancia *of (great) signifi-*
*cance*
importar  *to matter, concern;*
no importa *it doesn't matter,*
*no matter;* ¿qué importa?
*what does it matter?*
imprecación  *curse*
imprevisible  *unforeseeable*
imprevisto  *unforeseen, un-*
*expected*
improductivo  *unproductive,*
*useless*
imprudencia  *indiscretion*
imprudente  *indiscreet*
impuesto *p.p. of* imponer; *n.*
*tax*
inadvertido  *unnoticed*
inaugurar  *to inaugurate*
incauto *adj.  incautious, un-*
*wary*
incertidumbre *f.  incertitude*
incienso  *incense*
inclinar  *to bend;* —se *to lean;*
*to be favorably disposed to*
incluir  *to include*
inclusive *adv.  including; even*
incluso *adj.  included; adv.*
*including; even*
incómodo *adj.  bothersome*
inconformidad  *discomfort*
increíble  *incredible, un-*
*believable*
indicar  *to indicate, point*
*out, suggest; to show*
indicio  *indication, sign*
indígena *adj. m. and f.  native,*

*indigenous; m. native*
indignar  *to irritate;* —se *to*
*become angry*
indio *n. and adj.  Indian*
indiscutible *adj.  unquestionable*
individuo  *person, individual*
inédito *adj.  unpublished, un-*
*edited*
inescrutable  *inscrutable*
inesperado  *unexpected*
inexactitud  *inaccuracy, in-*
*exactness*
infancia  *infancy, childhood*
infantil  *childish, infantile*
infatigable  *tireless, untiring*
infelicidad  *unhappiness*
infeliz *adj.  unhappy, unfor-*
*tunate; m. poor wretch*
infiel *m. and f.  pagan*
infierno  *hell*
informe *m.  information; re-*
*port*
ingeniero  *engineer*
ingenio  *talent; ingenuity; wit*
ingenioso  *clever, ingenious*
ingenuo  *sincere; simple, un-*
*affected*
inglés  *English*
ingresar  *to enter*
inhabilitado  *disabled; helpless*
iniciar  *to begin;* —se *to be*
*initiated*
ininteligible  *unintelligible*
injusto  *unjust, unfair*
inmóvil  *still, motionless*
inmovilidad  *constancy; im-*
*mobility*
inmutarse  *to show emotion;*
*to lose one's calm*
innegable  *undeniable*
inolvidable  *unforgettable*

inquietud *f.* *fear; anxiety*
insatisfecho *unsatisfied*
instalar *to install*
instar *to urge, press*
instinto *instinct*
íntegro *complete, whole*
intemperie *f.* *open air; bad weather*
intempestivo *adj.* *inopportune*
intentar *to attempt, try*
intercambiar *to exchange*
interés *m.* *interest*
interesante *interesting*
intermedio *intermission, interval*
interrumpir *to interrupt*
intrahistoria *the most common events of life that characterize and define the behavior and nature of a nation*
intransitable *impenetrable*
intrincado *complicated*
inundar *to flood, inundate*
inútil *useless, unnecessary*
inutilidad *uselessness*
invertir (ie) *to invest*
invierno *winter*
ir *to go;* —se *to leave, go away;* — a + *inf.* *to be going* + *inf.*
irrecuperable *irretrievable*
irrisorio *insignificant*
isla *isle; island*

## j

jabón *m.* *soap*
jadeante *adj.* *panting, out of breath*
jamás *adv.* *never*

jaque *m.* *check (in chess);* — mate *checkmate*
jardín *m.* *garden*
jefe *m.* *chief, leader*
jerga *slang; jargon; thick, coarse cloth*
jorobado *hunchbacked*
joven *adj.* *young; m. and f. n. youth; young man, young woman;* de — *when young, as a youth*
jovialidad *gaiety, merriment*
jubilado *adj.* *retired*
juego *game; sport; set*
juez *m.* *judge*
jugar (ue) *to play;* — a las damas *to play checkers*
jugo *juice*
juguete *m.* *toy*
juicio *trial; opinion*
junta *board, council*
juntar *to join; to gather, collect*
junto *adj.* *united;* —s *together; adv. near;* — a *close to*
jurar *to swear*
justificar *to justify*
justo *adj.* *exact; just; adv. exactly*
juventud *youth; young people*
juzgar *to judge*

## l

laberinto *labyrinth, maze; intricate matter*
labial: lápiz — *lipstick*
labio *lip*
labor *f.* *labor, work*

labores: día de — *working day*

labrar *to work, till, cultivate*

labriego *peasant*

lado *side; border; direction;* al — de *by the side of;* por todos —s *on all sides*

ladrido *bark, barking*

ladrón m. *thief*

lagrimón m. *big tear*

lagunilla *dim. of* laguna *lagoon*

lama *mud, slime*

lamentable *deplorable*

lamento *lamentation, mourning*

lámpara *lamp*

lancero *lancer*

lápiz m. *pencil;* — labial *lipstick*

larga *delay;* a la — *at long last*

largar *to release, let go*

largo *long;* a lo — de *along, along with*

lástima *pity*

lastimar *to hurt; to wound*

latir *to beat, to throb*

laureado *laureate*

lavar *to wash*

laxo *lax, slack*

laya *quality, kind, class*

lección f. *lesson*

leche f. *milk*

lechería *creamery*

lector m. *reader*

lectura *reading*

leer (y) *to read*

legalizar *to legalize; to authorize*

legar *to bequeath*

lejano *distant, remote*

lejía *lye*

lejos adv. *far;* de — *from a distance;* más — *farther*

lengua *tongue; language*

lenguaje m. *language*

lento *slow*

león m. *lion*

letanía *litany, prayer*

letra *letter;* al pie de la — *literally;* —s *literature*

levantar *to raise; to lift;* —se *to get up; to stand up*

leve adj. *light; slight; trivial*

ley f. *law*

libertad f. *freedom*

librar *to free; to save, spare*

libre *free*

librería *bookstore*

libro *book*

licenciado *holder of a degree*

ligero *light, fast*

lijar *to smooth*

limbo *edge*

limitar *to limit, restrict*

límite m. *limit, border; boundary*

limosna *alms*

limpiar *to clean*

limpio adj. *clean;* en — *clear*

lindo *pretty*

línea *line*

linterna *flashlight*

lío *mess, muddle;* meterse en —s *to get into trouble*

liquen m. *lichen*

líquido *liquid*

lira *lyre*

lírico adj. *lyric, lyrical*

liturgia *liturgy*

lobo *wolf*

loción f.  lotion
loco  crazy, mad; wild
locomotora  locomotive, engine
locura  madness, folly
lógica  logic
lograr  to get, obtain; to attain
lona  canvas
lotería  lottery
lote m.  lot
loto  lotus
lucha  fight, struggle
luchar  to fight, struggle
lucido  brilliant
lucir (zc)  to show, display; —se to show off
luego adv.  soon; then; later
lugar m.  place; site, spot; tener — to happen; to take place
lúgubre  dismal, gloomy
lujo  luxury
luz f.  light

## ll

llamar  to call, summon, call upon; —se to be called or named
llano  plain, even, level
llave f.  key
llegada  arrival
llegar (u)  to arrive; to reach; al — upon arriving; — a to arrive at; — tarde to be late
llenar  to fill; to fulfill; to satisfy
llevar  to carry; to take; to wear; — a cabo to carry out
llorar  to weep, cry

llover (ue)  to rain
lluvia  rain

## m

macizo  sturdy, massive
madera  wood; timber, lumber
madero  log, beam
madrugada  dawn
maestra: obra —  masterpiece
maestro  teacher
mágico adj.  magic
mago  magician
mahometano  Moslem
majestad  majesty
mal m.  evil; adj. and adv. bad, badly; wrong, wrongly; mala suerte bad luck; hablar — de slander
maldad  wickedness
maldecir  to curse; to damn
maldito adj.  cursed, evil
maleta  bag, suitcase
maliciar  to spoil
mamá fam.  mother
mañana  tomorrow; morning
mancha  spot, stain
mandar  to send; to command
manera  way, manner; de — que so that; de todas —s at all events
manga  sleeve
maní m.  peanut
manifestación  public demonstration
manifestar (ie)  to prove; to make clear
manifiesto  manifesto; proclamation; document
manisero  peanut vendor

mano *f.* *hand;* en — de *in the possession of*

mansedumbre *f.* *meekness; gentleness*

manso *tame; meek*

manta *light blanket*

mantel *m.* *tablecloth*

mantener *to keep, maintain*

manto *mantle, cloak*

máquina *machine*

maquinista *m.* *engineer, machinist*

mar *m. or f.* *sea, ocean*

maravilloso *marvelous, wonderful*

marcar *to mark, stamp, brand*

marcha *march; progress;* en — *running;* poner en — *to start*

marchar *to leave; to march; to progress*

mareo *nausea; dizziness*

marino *seaman, sailor*

mártir *m.* *martyr*

mas *conj.* *but, yet*

más *adv.* *more, most;* a — de *besides;* — allá *farther, beyond;* — bien *rather;* por — que *no matter how;* — o menos *more or less;* nada — *nothing more, that's all;* no . . . — que *only, not more than;* de lo — *the most;* — tarde *later on;* — vale *it is better;* de lo — bien *very well;* — mínimo *the very least;* a lo — *at (the) most;* cuanto — *the more;* es — *furthermore;* ¡no faltaba —! *why, of course!*

masa *mass; dough;* en — *en masse*

mascar *to chew*

matar *to kill; to extinguish*

mate: jaque — *checkmate*

matiz *m.* *hue, nuance*

matrimonio *marriage; married couple*

matutino *early; morning*

máxima *maxim, principle*

mayor *adj.* *greater, larger, older, oldest; senior;* — de edad *of age*

mayúsculo *adj.* *big, large*

maza *ancient weapon*

mediar *to intervene; to be half over;* al — la noche *in the middle of the night*

medianoche *f.* *midnight*

mediante *adv.* *by means of, through*

médico *doctor, physician*

medida *measurement, size;* a — que *in proportion as*

medio *adj. and n.* *half, middle, way, means;* por — de *by means of;* en — de *in the middle of;* a — *halfway;* — ambiente *environment*

medios *pl.* *means*

mejilla *cheek*

mejor *adj. and adv.* *better, best;* — dicho *rather;* a lo — *perhaps, maybe*

mejoramiento *improvement*

mejorar *to improve*

melancolía *melancholy*

melancólico *sad, gloomy*

memoria *memory;* de — *by heart*

mencionar *to mention*

menguado *wretched, cowardly*

menor *adj. less, least; young-
er, youngest; minor, junior;*
en — grado *in a lesser degree*
menos *adv. less, fewer;* a —
que *unless;* cuando — *perhaps;* al — *at least;* por lo —
*at least;* — mal *it's a good
thing*
mente *f. mind*
mentir (ie) *to lie*
mentira *n. lie*
mentor *m. adviser, teacher*
menudo *small, slight;* a —
*often;* —s chillos *coll. quite
a fuss*
mercader *m. merchant, dealer*
merced *f. favor, grace; mercy;*
vuestra (su) — *your grace*
mero *mere, simple*
mes *m. month*
mesa *table*
metafísico *metaphysical*
metáfora *metaphor*
meter *to insert; to put;* — se
(en) *to get involved (in)*
método *method*
mezcla *mixture*
mezclar *to mix, blend*
miedo *fear, dread;* tener — *to
be afraid*
miembro *member; limb*
mientras *adv. and conj. while,
when, whereas;* — tanto *meanwhile*
mil *thousand*
milagro *miracle*
milicia *militia, armed forces*
militante *militant*
millón *m. million*
mimar *to pet, fondle; to pam-
per, indulge*

minero *miner*
minuto *minute*
mirada *glance, look*
mirar *to look, observe, examine;* — de reojo *to look
askance*
misa *mass*
miseria *misery; poverty*
misión *mission; duty*
mismo *adj. self, very; same;*
ahora — *right now;* sí — *himself, herself;* uno — *oneself*
misterio *mystery*
misterioso *mysterious*
mitad *f. half; middle;* a (la) —
de *halfway through*
mítico *mythical*
mito *myth*
modernismo *literary trend
in vogue around the beginning of this century*
modernista *adj. related to*
modernismo
modo *way, manner;* a — de
*like, in the manner of;* de —
que *so that;* de tal — *in such
a way;* de todos —s *at any
rate*
mojar *to wet; to drench,
soak;* —se *to get wet*
molestar *to bother, annoy;
to disturb*
molestia *nuisance*
momento *moment;* al — *at
once;* de — *suddenly*
moneda *coin; money; cur-
rency*
monje *m. monk*
mono *monkey*
monólogo *monologue*
monótono *monotonous*

monstruoso  *monstrous*

montaña  *mountain*

montar  *to mount; to set up;
to ride*

monzón *m.*  *monsoon*

moquillo  *mucus*

moral *f.*  *morale, morals*

moraleja  *moral lesson as
taught by a fable*

mordaz  *biting*

morder (ue)  *to bite;* —se
los labios *to bite one's lips*

moribundo *adj.*  *dying*

morir (ue)  *to die;* —se de
hambre *to starve*

mortaja  *shroud*

mosca  *fly;* mosquita
muerta  *hypocrite*

mostrar (ue)  *to show, demonstrate;* —se *to appear*

motivar  *to cause*

motivo  *cause, reason; motif,
theme*

mover (se) (ue)  *to move; to
motivate*

movimiento  *movement*

muchacho  *lad, boy, young-
ster*

mueble(s) *m.*  *furniture*

mueca  *grimace*

muerte *f.*  *death*

muerto *p.p.* of morir; *adj. and
n.  dead*

muesca  *notch*

mugriento  *dirty, filthy*

mujer *f.*  *woman; wife*

múltiple  *manifold, many*

multiplicar  *to multiply*

mundo  *world;* todo el —
*everybody;* por nada del —
*by no means;* a — mejor *to*

the hereafter, life after death

muñeco  *doll*

murmurar  *to whisper, mutter*

músculo  *muscle*

musgo  *moss*

música  *music*

mutuo *adj.*  *mutual, recipro-
cal*

muy *adv.*  *very, very much;
too;* — de mañana *very early
in the morning;* — lejos *far
away*

## n

nacer (zc)  *to be born; to
originate*

nacimiento  *birth*

nada *indef. pron.  nothing,
not anything;* de — sirve *useless;* para — *good for nothing;*
— más *only, that's all;* la —
*nothingness*

nadar  *to swim*

nadie *indef.pron.  nobody,
not anyone*

naranja  *orange*

nariz *f.  nose*

narración  *narration; story*

natal *adj.  native*

natural  *natural, normal;* ser
— *to be normal, natural*

naturaleza  *nature*

naturalidad  *naturalness; ease*

nave *f.  ship; aisle*

Navidad  *Christmas*

necesitar  *to need*

necrópolis *f.  cemetery with
monuments*

negar (ie)  *to deny, refuse*

negocio  *business*

negro *adj.* *black, dark*
nervio *nerve*
nervioso *nervous*
niebla *fog, mist, haze*
nieve *f.* *snow*
niñez *f.* *childhood*
niño *child;* —s *children*
ningún, ninguno *indef. adj.
and pron.* *no, none, no one,
not any; neither*
nivel *m.* *level*
noche *f.* *night*
nocturno *nocturnal, night*
nómade *adj.* *nomad*
nombrar *to appoint; to name*
norma *norm*
noroeste *m.* *northwest*
nostálgico *nostalgic; home-
sick*
nota *note*
notable *outstanding, excellent*
notar *to notice*
noticia *f.* *information;* —s
*news*
novedoso *new, novel*
novela *n.* *novel*
novelista *novelist*
noveno *ninth*
nube *f.* *cloud*
nuevo *adj.* *new;* de — *again;
anew*
número *number*
nunca *adv.* *never;* — jamás
*never more*

## o

obedecer (zc) *to obey*
obispo *bishop*

objetivo *objective; aim*
objeto *object; purpose*
obligar *to force; to bind,
compel*
obra *work(s);* — maestra
*masterpiece;* —s clásicas
*classics*
obscurecer (zc) *to obscure,
darken*
obscuridad *darkness*
obscuro *dark*
observar *to observe, notice,
watch*
obsesionar *to obsess*
obstáculo *obstacle; difficulty*
obstante: no — *however,
nevertheless, in spite of*
obtener *to obtain, get, pro-
cure*
ocasión *occasion, opportunity*
occidental *western*
océano *ocean*
ocre *ochre*
octavo *eighth*
octogenario *octogenarian*
ocupar *to occupy;* —se de *to
be busy with;* — un puesto
*to hold a job*
ocurrir *to happen, take place;*
—sele (a uno) hacer algo *to
think of doing something*
oda *ode, lyric poem*
odiar *to hate*
odio *hatred*
oficial *m.* *officer*
oficina *office;* — de correos
*post office*
oficio *occupation, trade*
ofrecer (zc) *to offer*
oído *ear;* decir al — *whisper;*
poner — (a) *to listen*

oír  *to hear*
ojalá *interj.*  *I wish*
ojo  *eye*
oler (hue)  *to smell*
olor *m.*  *smell, odor, scent*
olvidar (se)  *to forget*
olvido  *forgetfulness; oblivion*
omnímodo  *entire, everything*
onda  *wave*
ondular  *to wave; to ripple*
onza  *ounce*
operar  *to operate*
opinar  *to judge; to think;
to be of an opinion*
oponer (se)  *to oppose*
oportuno  *timely; witty*
oposición  *resistance*
oprimir  *to oppress*
oración  *prayer*
orden *f.*  *order, command;
category;* a sus órdenes *at
your service*
ordenar  *to arrange*
oreja  *ear (external)*
organillo  *barrel organ, hand
organ*
organizar  *to organize*
orgullo  *pride; self-esteem*
orgulloso  *proud*
orientar  *to direct*
orificio  *opening*
orilla  *edge, border*
oro  *gold*
osar  *to dare, venture*
oscuridad  *darkness*
otoño  *autumn, fall*
otorgar  *to bestow*
otro *adj.*  *other, another;* al —
día *the next day;* algunos
que —s *some, a few;* otra vez
*again*
ovalado  *oval*

## p

paciencia  *patience;* tener —
*to be patient*
paciente *adj. and n.*  *patient;
forbearing, tolerant*
pacto  *pact, agreement*
padecer (zc)  *to suffer*
padre *m.*  *father;* —s *parents*
padrenuestro  *Lord's prayer*
pagar  *to pay*
página  *page*
país *m.*  *country, land*
paisaje *m.*  *landscape; view*
pájaro  *bird*
paje *m.*  *page; valet*
palabra  *word;* bajo — *word
of honor;* ¡— que sí! *coll.
I swear*
pala  *shovel*
palada  *shovelful*
pálido  *pale*
palmada  *slap with the palm
of the hand*
paloma  *dove, pigeon*
palpar  *to touch; to feel (to
frisk)*
pan *m.*  *bread*
pantalón (es) *m.*  *trousers*
pañuelo  *handkerchief*
papel *m.*  *paper; role;* —es
*documents*
paquete *m.*  *package, parcel,
bundle*
par *m.*  *pair;* a la — que *at
the same time;* de — en —
*wide open*

para *prep. for, to, in order
to; toward;* — siempre *forever;* — sí *to oneself;* —
que *so that*
paraíso *paradise*
paralítico *adj. and n. paraly-
tic*
paralizado *paralyzed; at a
standstill*
parar(se) *to stop; to stand up;
to stay;* sin — *continually;*
venir a — *to end up;* —se en
seco *to stop suddenly*
parecer (zc) *to appear, seem,
look like;* —se *to resemble;*
al — *apparently; m. idea,
opinion;* cambiar de — *to
change one's mind*
pared *f. wall*
parentesco *relationship*
parpadear *to blink*
párrafo *paragraph*
parte *f. part;* en alguna —
*somewhere;* de — *de on
behalf of;* en todas —s *everywhere;* la mayor — *most of;*
por otra — *on the other hand*
participar *to participate*
partir *to split, to divide; to
leave;* a — de *from, starting
from*
pasado *n. and adj. past; last;
gone by;* — mañana *day after
tomorrow;* mañana o — *one
of these days*
pasaje *m. fare; pass, opening;*
— de ida y vuelta *round trip
fare*
pasajero *passenger*
pasar *to pass, to go on, go
by, go through; to spend;*

to happen
pasear(se) *to stroll, to take
a walk*
paseo *promenade, walk;
avenue*
paso *pass; step, pace;* de —
*on passing by;* abrirse — *to
make one's way;* — a —
*slowly*
pasta *paste, dough*
pasto *grass*
pata *paw, leg;* meter la — *to
butt in (literally, to put one's
foot in someone else's affair)*
patria *fatherland, native
country*
paz *f. peace*
pecado *n. sin*
pecador *sinner*
pecho *chest, breast*
pedazo *piece, part*
pedir (i) *to ask for;* — limosna
*to beg*
pegar *to stick; to hit; to get
close;* — gritos *to shout, yell*
pelaje *m. the coat of an animal*
pelar *to peel; to skin*
pelea *fight*
pelear *to fight*
película *film, picture*
peligro *danger*
pelo *hair*
pena *pain, sorrow;* — de
muerte *death penalty;* a
duras —s *hardly*
penar *to suffer*
penetrar *to penetrate*
pensamiento *thought*
pensar (ie) *to think; to intend;* — en *to think about;*

— de *to think of*
pensión *f.  pension; boarding house*
penumbra *semidarkness*
peor *adj. and adv.  worse, worst*
pequeño *adj. and n.  small, little; little one*
percatar(se)  *to notice; to beware*
percibir  *to perceive*
perder (ie)  *to lose; —se to get lost*
perdido *adj.  lost, wasted*
perdonar  *to pardon*
perdurar  *to last*
pereza  *laziness*
perezoso  *lazy*
periódico  *newspaper*
periodismo  *journalism*
periodista *m.  journalist*
permanecer (zc)  *to remain*
permear  *to permeate; to spread*
permiso  *permission*
permitir  *to permit, allow*
pero *conj.  but, yet*
perrina  *copper coin*
perro  *dog*
perseguir (i)  *to persecute; to pursue, go after*
persistencia  *persistence*
persona  *person*
personaje *m.  person of importance; character*
perspicacia  *perspicacity*
persuadir  *to persuade*
pertenecer (zc)  *to belong*
perteneciente *adj.  belonging*
pertenencia  *personal effects*
perturbación  *disturbance*

perturbar  *to disturb, trouble*
pesadilla  *nightmare*
pesado  *heavy; clumsy; dull; n. bore*
pesadumbre *f.  sorrow, grief*
pesar  *to weigh; a — de in spite of*
peso  *weight; Spanish American monetary unit*
piadoso  *pious; charitable*
pian, pianito *coll.  slowly*
pibe *m. (fam.)  small boy*
picar  *to bite, sting, prick*
pícaro  *mischievous*
pie *m.  foot; a — on foot; al — de la letra literally*
piedad  *pity, mercy*
piedra  *stone*
piel *f.  skin; fur; tapado de — furcoat*
pierna  *leg*
pieza  *piece; room*
pintar  *to paint, color*
pintoresco  *picturesque*
pinza  *tweezers*
pisada  *footstep; footprint*
pisar  *to step on, trample*
piso  *floor, story; floor, flooring*
planchar  *to iron*
plano  *level; flat; map*
planta  *plant; sole of the foot; — baja ground floor*
plantear  *to plan, outline; to state, pose*
plata  *silver; money*
plato  *dish, plate; course*
playa  *beach*
plaza  *square*
pleno *adj.  full, complete; in the middle of*

plomero *plumber*
plomo *lead*
pluma *feather; pen*
población *population*
poblar (ue) *to populate*
pobre *adj. and n. poor;
needy*
pobreza *poverty*
poco *indef. adj. and pron.
little, few; adv. little; — a —
little by little;* al — tiempo
*in a little while, shortly
afterward;* — común *un-
usual*
poder (ue) *to be able to;
can; may; m. power;* en — de
*in the hands of;* — adquisi-
tivo *purchasing power*
poderoso *powerful*
poema *m. poem*
poesía *poetry; poem*
poeta *m. poet*
poetisa *poetess*
policía *police*
política *politics; policy*
político *adj. and n. political;
politician*
polvo *dust, powder*
pollo *chicken*
pompa *pomp, splendor;* —
fúnebre *funeral procession*
poner *to put, place, lay, set;
to turn on;* — la mesa *to set
the table;* —se a + *inf. to
start* + *inf.;* —se peor *to get
worse*
por *prep. for; through; by;*
— eso *therefore;* — fin *at
last;* — favor *please;* — cierto
*certainly;* — sí *by itself;* —
último *finally;* — medio de

*by means of;* — qué *why*
porque *because*
posar *to rest; to perch*
poseer *to possess, own*
posterior *back rear; later*
póstumo *posthumous*
práctico *n. and adj. practi-
tioner; skillful*
prado *meadow; pasture*
precaución *caution*
precioso *precious*
precipitación *hastiness*
preciso *precise; necessary*
precursor *forerunner*
predilecto *favorite*
preferir (ie) *to prefer*
pregunta *question*
preguntar *to question, in-
quire, ask;* — por *to ask for
or after*
premio *prize, award*
preocupar *to worry*
presencia *presence, appearance*
presentar *to present, intro-
duce, show*
presidio *garrison; prison;
imprisonment*
prestar *to lend;* — atención
*to pay attention;* — oído
*to listen*
pretender *to pretend*
pretensión *pretense; pre-
sumption*
prevalecer (zc) *to prevail*
prevenir *to prevent; antici-
pate;* —se *to be ready, on
guard*
previo *previous, preceding*
previsión *foresight*
primavera *spring*

primero  *first*
principal *adj.  main, important*
principio  *start; beginning;* a —s de *toward the beginning of;* del — al fin *from start to finish*
prisa  *urgency, haste*
prisión  *prison*
prisionero  *prisoner*
privado *adj.  private; personal*
probar (ue)  *to prove; to taste*
problema *m.  problem*
proceso  *process; trial*
producir (zc)  *to produce, yield;* —se *to occur, happen*
profundidad  *depth*
profundo  *deep; profound*
progresista *adj. m. and f. progressive*
proletariado  *working class*
prolongación  *extension*
promesa  *promise*
prometedor *adj.  promising*
prometer  *to promise*
promover (ue)  *to promote*
pronosticar  *to predict*
pronóstico  *prediction; forecast*
pronto *adj.  ready; prompt; adv. soon;* bien — *real soon;* por de — *for now, for the present*
propina  *tip*
propio *adj.  own; proper*
proponer  *to propose;* —se *to intend, plan*
proporcionar  *to furnish; to give*
proposición  *proposal*
propósito  *purpose*

propuesto *p.p. of* proponer
prosa *n.  prose*
proseguir (i)  *to continue, proceed*
prosista *m.  prose writer*
próspero *adj.  successful; prosperous*
proteger (j)  *to protect*
proveer  *to provide;* —se de *to supply oneself with*
provenir  *to originate*
provinciano  *provincial*
provisto *p.p. of* proveer
provocar  *to provoke; to stimulate*
próximo *adj.  next*
proyectar  *to project; to plan*
proyecto  *project; plan*
prudencia  *discretion*
prueba  *proof; test; evidence*
publicar  *to publish*
público *adj.  public, general*
pudrición  *putrefaction, decay*
pudrir  *to rot*
pueblerino *adj.  belonging to a village; rustic*
pueblo  *town, village; (common) people*
puente *m.  bridge*
pueril  *childish*
puerta  *door; gate; entrance;* entreabrir la — *to set the door ajar;* llamar a la — *to knock at the door*
puerto  *port; harbor*
pues *conj.  because, for; since adv. then; well;* — bien *well*
puesto *p.p. of* poner; *n.  place; booth, stand*
pulcro *adj.  neat, tidy*
pulso  *pulse*

punta *extremity, end; point;* estar con los nervios de — *to have one's nerves on edge*

puntal *m.* *support, basis; (figurative) foot*

puntilla *fine lace; narrow lace edging*

puntito *dim. of* punto

punto *point; dot; place; period;* estar a — de + *inf. to be about + inf.;* — de vista *point of view*

purificado *purified*

puro *pure; sheer*

purpurina *n.* *(chemical) purpurin*

querer *to want, desire; to love;* como quiera que *inasmuch as; since; whereas;* cuando quiera *at any time;* — decir *to mean*

querido *adj.* *dear; desired*

quien *rel.pron.* *who, whom; he who, she who;* quién *interr.pron. who?, whom?*

quieto *adj.* *quiet, still; calm*

quinto *adj.* *fifth*

quizá *adv.* *perhaps, maybe*

## q

que *rel.pron.* *that; which; who; whom;* el — *who; which; the one who; the one which; conj. that; for, because;* el mismo — *the same as;* más (menos) — *more (less) than;* por mucho — *no matter how much*

qué *interr. adj. and pron.* *what?; what a!; interj. what!; adv. how?;* ¿por —? *why?;* ¿para —? *what for?*

quebrar (ie) *to break; to crush*

quedar *to stay; to remain; to be left over; to be left (in a state or condition);* —se *to remain*

queja *complain; grudge*

quejido *moan; groan*

quemar *to burn*

## r

rabo *tail*

racimo *bunch*

ráfaga *gust of wind; flash of light*

raído *adj.* *worn*

raíz *f.* *root; origin*

ramo *bouquet*

ranura *groove; slot*

rapaz *adj. m. and f.* *rapacious, greedy*

rápido *adj.* *quick, rapid*

rareza *peculiarity; curiosity*

raro *adj.* *rare; strange*

rasgo *n.* *trait*

raspar *to scrape, scrape off*

rato *while; short time;* de a —s *from time to time*

ratón *m.* *mouse*

raya *line; mark*

rayo *lightning*

rayuela *hopscotch*

raza *race, lineage, clan*

razón *f.* *reason, reasoning; motive;* dar la — *to approve, agree with;* perder la — *to lose one's mind;* tener — *to be right*

razonable *reasonable*

reaccionar *to react*

real *adj. royal; real, true, actual*

realidad *reality; truth;* en — *really, truly, in fact*

realizar *to fulfill, make real;* —se *to be performed, take place*

reaparecer (zc) *to reappear*

rebelde *rebellious*

rebeldía *defiance; rebelliousness*

reblandecer (zc) *to make soft or tender;* —se *to become soft or tender*

rebotar *m. bouncing back*

rebullir *to move;* —se *to move, stir*

recámara *room; bedroom*

rechazar *to reject*

rechazo *rejection*

recibimiento *reception; welcome*

recibir *to receive; to get*

reciente *recent, new*

reclamación *claim, demand*

reclinar *to recline;* —se *to lean back*

recoger (j) *to pick up; to gather*

recomendar (ie) *to recommend; to advise*

recompensa *reward*

reconocer (zc) *to recognize; to admit*

recordar (ue) *to remember; to remind*

recorrer *to travel over; to look over; to examine*

recorrido *trip; distance traveled*

recortar *to cut out;* —se *to outline itself*

recostar (ue) *to recline*

recto *straight; right*

rector *m. college or university president; principal*

recuerdo *remembrance; memory; souvenir*

recuperar *to recover*

recurrir (a) *to resort (to)*

recurso *resort;* —s *resources, means*

redoblar *to double; to reiterate*

redondo *adj. round*

reembolso *refund;* contra — *cash on delivery (C.O.D.)*

referir (ie) *to refer, relate;* —se *to refer, allude;* en lo que se refiere a *in what concerns*

reflejar *to reflect; to show;* —se *to be reflected*

reflejo *reflex*

reflexión *meditation, consideration*

reflexionar *to reflect, mediate*

reflexivo *reflexive; thoughtful*

reforma *reform; improvement*

reforzar (ue) *to reinforce*

regalar *to give, present as a gift*

regalo *present, gift*

regio *adj. royal; splendid*

regir (i, j)  *to rule, govern*
registro  *record; registration office*
regla  *rule; ruler; order;* en — *in order, in due form;* por — *general usually, as a general rule*
regresar  *to return*
regular  *to regulate, set in order*
reino  *kingdom*
reír  *to laugh*
reiteración  *repetition*
relación  *relation; relationship, connection*
relacionar  *to relate, connect*
relatar  *to relate; to narrate*
relato  *narration, story*
religioso *adj.*  *religious; n. friar, monk; person bound by monastic vows*
reloj *m.*  *watch; clock*
relleno *adj.*  *stuffed*
rematar  *to finish; to give the final or finishing stroke*
remolino: — de gente  *crowd, throng*
remunerado *adj.*  *paid*
renacimiento  *renaissance; revival*
rendimiento  *profit*
renovación  *renewal*
renovador *adj.*  *renovating*
renovar (ue)  *to renew*
renta  *profit; income; revenue*
rentilla *dim. of* renta
renunciar  *to give up; to abandon; to resign*
reojo: mirar de —  *to look obliquely, out of the corner of one's eye; (figurative) to look scornfully*
repartir  *to distribute*
repasar  *to go over*
repetir (i)  *to repeat*
repleto *adj.*  *very full*
réplica  *replica, copy*
reposar  *to rest*
reprimir  *to repress*
reprochar  *to reproach*
reproducir (zc)  *to reproduce*
repugnar  *to disgust; to oppose*
repujado *adj.*  *embossed*
resentimiento  *resentment*
reseña  *review*
reservar  *to reserve; to keep secret*
resistir  *to resist; to tolerate*
resolución  *resolution;* en — *in brief*
resolver (ue)  *to solve;* —se *to resolve, decide*
resonar (ue)  *to resound*
resorte *m.*  *spring*
respecto: con — a  *with respect to*
respetar  *to respect*
respeto  *respect; consideration*
respiración  *breathing*
respirar  *to breathe*
responder  *to reply, answer*
responso *(ecclesiastical) responsory for the dead*
respuesta  *reply, answer*
restablecido  *recovered*
restituir (y)  *to restore; to give back;* —se *to return to the place of departure*
resto  *rest, remainder*

resucitado *n. revived person*

resucitar *to revive, come to life*

resultado *result; consequence*

resultar *to result; to turn out to be*

retocar *to touch up; to finish*

retorcer (ue, z) *to twist;* —se *to twist*

retórica *f. rhetoric*

retozar *to tickle; to stir within*

retozón *adj. ticklish*

revelar *to reveal*

revestido (de) *adj. invested (with power, authority)*

revista *magazine, journal;* puesto de —s *kiosk; magazine stand*

revolcarse (ue) *to roll over and over; to wallow*

revolver (ue) *to revolve; to mix up; to shuffle*

rey *m. king*

rezar *to pray*

ricachón *adj. disgustingly rich, extremely rich*

rico *adj. rich, wealthy*

ridículo *ridiculous*

riel *m. rail;* —es *railroad track*

riesgo *risk*

rigor: ser de — *to be absolutely indispensable; to be required by custom*

rigorismo *severity*

rima *rhyme*

rincón *m. corner*

rinoceronte *m. rhinoceros*

río *river*

riqueza *riches, wealth*

risa *laughter, laugh*

risilla *dim. of* risa *(normally denotes feigned laugh, giggle, titter)*

ritmo *rhythm*

robar *to steal*

roble *m. oak tree*

robo *theft, robbery*

rodear *to surround*

rodilla *knee*

rogar (ue) *to beg*

rojo *red*

romería *pilgrimage; picnic, excursion*

rompecabezas *m. jigsaw puzzle; coll. difficult problem*

romper *to break*

roncar *to snore*

ronco *adj. hoarse*

rondón: de — *abruptly, intrepidly, rashly*

ropa *clothes*

ropaje *m. clothing*

roque *m. rook (in chess)*

rosado *pink*

rostro *face*

roto *p.p. of* romper

rueda *wheel*

ruego *request*

ruido *noise*

ruidoso *noisy*

ruin *adj. m. and f. mean; petty; stingy*

ruina *ruin;* —s *ruins, debris*

rumbo *direction; route*

rumor *m. rumor, hearsay; sound of voices*

ruta *route; itinerary*

## s

saber  *to know; to know how; to find out*

sabio *adj.*  *wise; learned;* *n.* *scholar; wise man*

sacar  *to take out; to pull out; to obtain*

sacerdote *m.*  *priest*

saco  *coat*

sacrificado  *sacrificed*

sacrificar  *to sacrifice*

sacrificio  *sacrifice*

sacrilegio  *sacrilege*

sacrílego  *sacrilegious*

sacristía  *sacristy; sacristan's office*

sacudir  *to shake*

sagacidad  *sagacity, wisdom*

sagrado  *sacred*

sal *f.*  *salt*

sala  *living room*

salado *adj.*  *salty*

salamandra  *salamander*

salida  *exit; departure*

salir  *to go out; to come out; to leave; to turn out to be*

salpicado *adj.*  *sprinkled, spattered*

salsa  *sauce*

saltar  *to jump*

saludar  *to greet*

salvaje *adj.*  *savage; wild; m. savage*

salvar  *to save; to jump over*

salvo *prep.*  *except; but*

san *adj.*  *(contraction of* santo*) saint*

sangre *f.*  *blood; family*

sangriento  *bloody; cruel*

sano  *healthy; honest, good*

santa  *holy, blessed; saint*

*(used as a title before the names of female saints); n. saint*

santiamén: en un —  *in a jiffy*

santidad  *holiness, sanctity*

santo  *holy, blessed; saint (used as a title before the names of male saints); n. saint;* todo el — día *the whole blessed day*

sapolio  *a brand of soap*

sastre *m.*  *tailor*

satisfecho *p.p. of* satisfacer; darse (uno) por — *to consider oneself satisfied*

sauce *m.*  *willow*

secar  *to dry;* —se *to dry or wipe oneself*

seco *adj.*  *dry; dried; harsh*

secretaría  *secretary's office; position of secretary*

secretario  *secretary*

secreto  *secret*

seda  *silk*

seguida: en — *right away, at once*

seguir (i)  *to follow; to continue, go on*

según  *according to*

segundo *adj.*  *second;* segunda (clase) *second class; n. second (of time or degree)*

seguridad  *certainty; safety*

seguro  *sure, positive, certain*

seleccionar  *to select*

selecto *adj.*  *select, excellent*

selva  *forest, jungle*

semana  *week;* fin de — *weekend;* — santa *Holy Week*

semejante *adj.*  *such a; similar*

semejanza  *similarity*
semilla  *seed*
sencillo *adj.*  *simple; plain;*
  *n. change*
sensibilidad  *sensibility; sen-*
  *sitiveness*
sentar (ie)  *to seat; to suit;*
  *fit;* —se *to sit down*
sentencia  *sentence; verdict*
sentido  *sense; judgment;*
  *meaning;* sin — *foolish,*
  *meaningless*
sentimiento  *feeling; sensa-*
  *tion*
sentir (ie)  *to feel; to sense;*
  *to experience;* —se *to feel*
  *oneself, consider oneself;*
  —se bien (fuerte, triste) *to*
  *feel well (strong, sad);* lo
  siento *I am sorry*
señal *f.*  *mark, sign; trace;*
  hacer —es *to signal*
señalado *adj.*  *famous, cele-*
  *brated*
señalar  *to point out; to in-*
  *dicate*
señas: hacer —  *to signal*
señor *m.*  *sir; master; Mr.;*
  el Señor *the Lord*
señora  *lady; madam; Mrs.*
señuelo *n.*  *lure; bait; dim.*
  *of* señal
séptimo *adj.*  *seventh*
sepultar  *to bury;* —se *to be*
  *buried*
sepulturero  *grave digger*
ser  *to be; to exist; to hap-*
  *pen; m. being; existence;*
  *essence;* o sea *that is*
seráfico *adj.*  *angelic; coll.*
  *poor, humble*

sereno  *calm*
serie *f.*  *series, succession;*
  *sequence*
serio  *serious, grave;* en —
  *seriously*
servicio  *service*
servir (i)  *to serve; to be of*
  *use;* —se *to help oneself;*
  — de *to serve as; to be used*
  *as;* — para *to be good for; to*
  *be used for*
sesos: devanarse los —  *to*
  *rack one's brains*
severo  *strict; severe*
sevillano *adj. and n.*  *Sevillian;*
  *of or from Seville*
sexto *adj.*  *sixth*
sido *p.p. of* ser
siempre *adv.*  *always, ever;*
  por — *forever;* — que *provided*
  *that; whenever*
siendo *pres.p. of* ser
siervo  *servant; slave*
siesta: dormir (la) siesta  *to*
  *take an afternoon nap*
siglo  *century*
significado  *meaning, signif-*
  *icance*
significar  *to mean*
signo  *sign; symbol; mark*
siguiendo *pres.p. of* seguir
siguiente *adj.*  *following;*
  *next*
sílaba  *syllable*
silbar  *to whistle; to hiss*
silbido  *whistle; hiss*
silencio  *silence*
silla  *chair*
sillón *m.*  *easy chair; arm-*
  *chair*
simpático  *nice, pleasant*

sin *prep. without;* — embargo *however; nevertheless;* — que *without*

singular *adj. singular; strange, extraordinary; excellent*

siniestro *adj. left (side); a* diestro y — *to and fro; back and forth*

sino *prep. except; conj. but;* — que *but*

siquiera *adv. at least; even;* ni — *not even*

sitial *m. stool, bench; place of honor*

sitio *place; location*

situar *to place*

sobra: de — *more than enough, well enough*

sobrar *to remain, be left over*

sobre *prep. on, upon; over, above; about; m. envelope;* — poco más o menos *more or less, just about*

sobrenatural *supernatural*

sobrepasar *to surpass; to exceed*

sobresaliente *excellent; outstanding*

sobresalir *to stand out; to excel*

sobresaltado *adj. startled, frightened*

sobriedad *sobriety; moderation*

socaliña *artifice, trick*

socarrón *adj. cunning, sly*

sociedad *society*

sofocar *to suffocate*

sol *m. sun;* arrimarse al — que más calienta *to fawn on influential men; to know on what side one's bread is buttered;* hacer — *to be sunny*

soldado *soldier*

soledad *solitude; loneliness; lonely place*

soler (ue) *to be accustomed, used to*

soliloquio *soliloquy, monologue*

solo *adj. sole, only; single; alone; lonely;* sólo *adv. only*

soltar (ue) *to let go; to let loose; to set free; to let out;* — una carcajada *to burst out laughing*

solventar *to solve; to settle debts*

sombra *shadow; shade; darkness*

sombrerero *hat maker*

sombrero *hat*

sombrío *somber, gloomy*

sonar (ue) *to sound; to ring*

sondear *to examine into; to probe*

soneto *sonnet*

sonido *sound*

sonreír(se) *to smile*

sonriendo *pres.p. of* sonreír

sonrisa *smile*

soñar (ue) *to dream;* — con *to dream of*

sopa *soup*

soportal *m. arcade; portico*

sorber *to sip; to swallow*

sorbete *m. ice cream cone; sherbet*

sorprendente *surprising*

sorprender *to surprise*

sorpresa *surprise*
sospechar *to suspect*
sospechoso *adj.* *suspicious*
sostener *to support; to hold*
sótano *n.* *basement*
suave *adj.* *soft; gentle*
subida *ascent; slope*
subir *to get on; to go up; to mount*
subrayar *to underline*
subtitular *to subtitle*
suceder *to happen; to follow*
suceso *event; result*
sucesor *m.* *successor*
sudar *to sweat*
sudor *m.* *sweat*
suegra *mother-in-law*
suelo *floor; ground*
sueño *dream; sleep*
suerte *f.* *fate; fortune; sort, kind; luck;* por — *fortunately, luckily;* tener — *to be lucky*
sufragio *vote; support; assistance; help*
sufrimiento *suffering*
sufrir *to suffer*
sugerencia *suggestion*
sugerir (ie) *to suggest*
suicidarse *to commit suicide*
sujetar *to hold; to fasten*
sujeto *individual; subject*
sumo *adj.* *highest; greatest;* a lo — *at (the) most*
superior *adj.* *superior; upper, greater; better*
superrealista *adj.* *surrealistic*
supervivencia *survival*
suponer *to assume, suppose*
surgir (j) *to appear; to arise*
suspenso *adj.* *suspended; perplexed*

suspirar *to sigh*
sustentar *to support; to feed;* —se *to feed oneself, support oneself*
sustraer *to subtract; to steal*
sutileza *cleverness; subtlety*

**t**

tabla *board; list, table*
tacaño *stingy, tight*
tal *adj.* *such, such a; that; adv. just as, in such a way;* ¿qué —? *coll. how are you?; hello!;* — vez *perhaps*
tamaño *size*
también *adv.* *also, too; likewise*
tampoco *adv.* *neither, not either*
tan *adv. (contraction of* tanto) *so, as; such a*
tanto *adj., pron. and adv.* *so much, as much; so;* —s *so many, as many;* en — que *conj. while;* estar al — (de) *to be informed (about), up to date (on);* mientras — *meanwhile;* — ... como *both ... and;* un — *somewhat*
tapa *cover; lid; book cover*
tapia *wall fence*
tapón *m.* *cork; bottle cap*
taquilla *ticket office*
tardanza *delay*
tardar *to delay; to be late; to take long (in)*
tarde *f.* *afternoon; evening; adv. late;* a eso de la caída de la — *at about dusk;* por la —

in the afternoon
tarifa  fare, rate, tariff
tataranieto  great-great-grand-
 son
teatral  theatrical
teatro  theater; setting
techo  roof; ceiling
tejadillo dim. of tejado
tejado  roof; tiled roof;
 shed
tela  material, cloth
tema m.  subject; theme
temblar (ie)  to tremble; to
 quiver
temer  to fear; to suspect
temor m.  fear; suspicion
tempestad  storm, tempest
templar  to moderate; to
 temper; to calm
temporada  period of time,
 season
temprano adj. and adv.  early
tendencia  tendency, inclina-
 tion
tener  to have; to possess; to
 hold; — cuidado to be careful;
 — ganas de + inf. to feel like
 + pres.p.; — gusto (en) to take
 pleasure (in); — miedo (sueño,
 frío, hambre) to be afraid
 (sleepy. cold, hungry); —
 razón to be right
teniente m.  lieutenant
tenso adj.  tense; tight
tentación  temptation
tentar (ie)  to tempt
tentativa  attempt
teñir (i)  to dye
tercer contr. of tercero
tercero adj.  third
tergiversar  to distort, twist

terminar  to end, finish
ternura  tenderness
terracita dim. of terraza
terraza  terrace
terreno  land; field; ground
terrestre adj.  terrestrial;
 earthly
tertulia  social gathering; con-
 versation
tesoro  treasure; treasury
tía  aunt; older woman
tiempo  time; weather; a —
 on time; pasar el — + pres.p.
 to spend the time + pres.p.
tienda  store; shop
tienducha (derogatory form
 of tienda)  dingy little shop
tierra  land; soil; ground;
 earth; native land
timar  to cheat
tímido  shy
tinta  ink
tintero  inkstand
típico  typical
tipo  kind; type; class; coll.
 fellow, guy
tirar  to throw; to throw
 away; —se to throw oneself;
 to lie down
tironear  to pull
tisana  medicinal tea
titilar  to twinkle; to flicker
titular  to title
título  title
tocar  to touch; to play; to
 knock (on a door); to belong;
 to be one's turn
todo adj.  all, whole; every,
 each; adv. entirely, totally;
 n. whole; all; everything; —s
 everybody, all; del — wholly,

entirely, quite; en — lo posible
as much as possible; sobre —
especially, above all; — el día
(la noche) all day (night) long;
— el santo día the whole
blessed day; — el mundo
everybody; de —s modos any-
way; por —s lados every-
where; —s los días (meses,
años) every day (month,
year); de todas maneras any-
way; en todas partes everywhere; por todas partes
everywhere
toldo awning
tomar to take; to seize; to
occupy; to get; — cariño a
alguien to become fond of
someone; — el fresco to get
some fresh air; — en cuenta
to take into account; — algo
en serio to take something
seriously
tomate m. tomato
tomo volume
tonelada ton
tonto adj. foolish; stupid
topar to run into, find; to
come across; —se con to
run into, bump into
topiquero person in charge
of applying topical (external)
medicines in a hospital
toqui m. Araucanian war
chief
torcido turned, bent; crook-
ed
torno: en — a around
toro bull; —s bullfight
torpeza stupidity; clumsiness
torre f. tower

torso trunk, body
torta cake
torturar to torment, torture
trabajador adj. industrious;
n. worker
trabajar to work
trabajo work
trabajoso laborious, difficult
trabar: — amistad con alguien
to become friends with someone
traducir (zc) to translate
traductor m. translator
traer to bring; to carry
tráfico traffic
traje m. suit; gown; dress
trama plot
tramo stretch; short distance
trampa trap
tranco stride, long step. en
dos —s in a jiffy
transcurrir to pass, elapse
transcurso passing, lapse (of
time)
transformarse to be transformed
tranvía m. streetcar
trapo rag
tras prep. after
trasfondo background
trasladar to move; —se to
move
traslado transfer, moving
traspasar to go beyond
tratar to treat; to have
social relations with; to discuss; — de to try to; — le a
uno de to address someone
as; —se de to be a question
of
tratado treaty; treatise

través: a — de  *through, across*

travieso *adj.*  *mischievous;
restless*

trayecto  *voyage, journey;
distance*

trecho  *distance*

tren *m.*  *train*

trepar  *to climb*

tribu *f.*  *tribe*

trigésimo *adj.*  *thirtieth*

tripulante *m.*  *member of
the crew (train, ship. air-
plane)*

triste *adj.*  *sad*

tristeza  *sadness; sorrow*

triunfar  *to triumph*

triunfo  *triumph*

trofeo  *trophy*

tronco  *tree trunk*

tropel *m.*  *rush; confusion;
en — in a crowd, in a throng*

trozo  *piece, fragment*

trueno  *thunder*

tubería  *plumbing; tubing*

tuétano  *marrow; innermost
part; ser gris hasta los —s to
be gray to the marrow*

tumba  *grave; tomb*

túmulo  *burial mound; bar-
row; (figurative) pile; mass,
great number*

tumulto  *mob; tumult; en —
in a throng, tumultuously*

túnel *m.*  *tunnel*

túnica  *gown*

turbar  *to disturb; to trouble;
—se to get disturbed, em-
barrassed*

## u

último *adj.*  *last, final; ultimate*

ultratumba *adv.*  *beyond the
grave*

un *indef. art.*  *a, an; unos
some, a few; dentro de unos
días in a few days; unos
cuantos a few; unos + (a number) about + (a number);
uno(s) a otro(s) reciprocally;
unos . . . otros some . . .
others; unos (zapatos) a pair
of (shoes)*

único *adj.*  *only, sole; el —
the only one; lo — the only
thing*

unir  *to join; to unite; —se
to join, adhere*

uno *indef. pron.*  *one, someone, anyone; unos some;
una cosa something; una vez
once; cada — each one; entre
— y (el) otro between one
another; — . . . otro one . . .
another*

untar  *to smear*

urbanidad  *courtesy, politeness*

urgencia  *urgency*

usar  *to use; to wear; to wear
out*

uso  *use; usage; practice*

útil *adj.*  *useful*

utilidad  *utility; usefulness*

utilizar  *to use*

## v

vacío  *empty; vacant; blank*

vagar  *to wander, roam*

vago *adj.* *vague*

vagón *m.* *railway car or coach*

valer *to cost; to be worth; to be useful; to prevail; to be equivalent to;* más vale *it is better;* —se de *to make use of*

valija *suitcase, valise*

valor *m.* *value; valor, courage; price; significance*

vanguardia *vanguard*

vanguardista *adj.* *avant garde*

vapor *m.* *steam;* a todo — *coll. at full speed*

vara *measure of length (about 33 inches);* meterse en camisa de once —s *to attempt more than one can manage; to bite off more than one can chew*

variante *f.* *version, one of various forms of something*

variar *to change, alter*

vario *adj.* *various; varied;* —s *several*

varón *m.* *man, male*

vasco *adj. and n.* Basque

vaso *glass; glassful*

vasto *vast, extensive, large*

vejar *to molest, harass*

vejestorio *wrinkled old person*

velar *to watch over; to be vigilant; to stay up at night; to stay up all night keeping vigil over a deceased person*

velay *interj. fam.* *look at this!, what a surprise!; n. surprise gift*

velocidad *speed, velocity*

vello *hair (on the body)*

vendedor *m.* *salesman*

vender *to sell*

venerar *to worship, respect, revere*

venir *to come; to arrive;* — a ser *to come to be*

ventana *window*

ventanilla *small window (as in a bus, train, streetcar)*

ver *to see; to look; to look at; to examine;* —se *to be seen; to be, find oneself;* ser (cosa) de ver *to be (something) worth seeing*

verano *summer*

veras: de — *truly*

verdad *truth;* (a) la — *in truth, truly;* en — *really, truly*

verdadero *adj. real; true*

verde *adj.* *green*

vereda *sidewalk*

verificar *to verify;* —se *to take place*

verso *verse, line of a poem; fam. poem*

vespertino *adj. vespertine, pertaining to or occurring in the evening*

vestido *dress, clothing*

vestigio *trace, mark;* —s *ruins, remains*

vestir (i) *to dress;* —se *to get dressed*

vez *f.* *time, occasion; turn;* cada — más *more and more;* cada — que *whenever;* de — en cuando *from time to time;* de — en — *from time to time;* en — de *instead of;* otra — *again;* tal — *perhaps;* una — *once*

vía  *way; road; railroad*

viajar  *to travel*

viaje *m.*  *trip*

viajero  *traveler*

vida  *life; living;* en su — *never*

vidriera  *show window, show case*

viejecillo *n. dim of* viejo;  *little old man (endearing)*

viejo *adj.*  *old; worn out; ancient; n. old man; coll. term of affection applied to one's parents, spouse, friends and so on*

viendo *pres. p. of* ver

viento  *wind*

vigilante *m.*  *watchman; policeman*

vinculación  *link, connection*

vincular  *to tie, bind, link;* —se *to make connection; to be bound*

virreinato  *viceroyalty*

virrey *m.*  *viceroy*

virtud *f.*  *virtue,* en — de *by virtue of, because of*

visera  *visor; eye shade*

visita  *visit*

visitador *m.*  *inspector*

vislumbrar  *to perceive indistinctly;* —se *to glimmer, be faintly visible*

vista  *view; sight; look, glance; eye;* a primera — *at first sight;* perder de — *to lose sight of;* punto de — *point of view;* volver la — a *to look back at*

visto *p. p. of* ver

viudo *adj.*  *widowed; n. widower*

vívido *adj.*  *vivid; colorful*

vivienda  *dwelling*

vivir  *to live*

vivo *adj.*  *alive; living; n. living person*

volar (ue)  *to fly*

voluminoso *adj.*  *very large, bulky, voluminous*

voluntad *f.*  *will; consent;* propia — *own free will*

voluntario *adj.*  *voluntary; willful; m. volunteer*

volver (ue)  *to turn; to return; to come or go back;* —se *to become; to turn; to turn around;* — a + *inf. inf.* + *again;* — para atrás *to go back*

voz *f.*  *voice;* en alta — *aloud*

vuelta  *turn; return;* a la — *on returning;* dar una — *to take a walk;* dar(se) — *to turn around;* dar la — a *to go around*

vuelto *p.p. of* volver

vuesa *adj.*  *contraction of* vuestra; — merced *your honor, your grace; sir*

## y

ya *adv.*  *already; now; finally*

yeso  *plaster*

## z

zanja  *ditch; trench*

zapatero  *shoemaker; shoe dealer*

zapato  *shoe;* unos —s *a pair of shoes*

zona  *zone*

# PERMISSIONS AND ACKNOWLEDGMENTS

We wish to thank the following authors, publishers, and holders of copyright for permission to reprint the materials in this volume:

Fernando de Unamuno for "Juan Manso," by Miguel de Unamuno (J)

Carmen Balcells for "Oda al traje," by Pablo Neruda (AJJ)

Editorial Sudamericana for "Después del almuerzo," by Julio Cortázar (AJJ)

Octavio Paz for "El cine filosófico de Buñuel," by permission of the author (J)

Ediciones Destino for "El rey," by Ana María Matute (GE)

Brandt & Brandt for "Chac Mool," by Carlos Fuentes. From: *Los días enmascarados.* Copyright 1954 by Carlos Fuentes. Reprinted by permission of Brandt & Brandt. (EJ)